THÈSE

POUR

LE DOCTORAT

FACULTÉ DE DROIT DE L'UNIVERSITÉ DE PARIS

L'IDÉE

DE

PAIX PERPÉTUELLE

DE JÉRÉMIE BENTHAM

THÈSE POUR LE DOCTORAT

L'ACTE PUBLIC SUR LES MATIÈRES CI-DESSUS

Sera présenté et soutenu le Samedi 28 Janvier 1905, à 1 heure

PAR

EDGARD BRIOUT

Président : M. PILLET, *professeur.*
Suffragants : { MM. LESEUR, *professeur.*
PIÉDELIÈVRE, *professeur.*

PARIS (5°)

V. GIARD & E. BRIÈRE

Libraires-Éditeurs

16, RUE SOUFFLOT ET **12**, RUE TOULLIER

1905

FACULTÉ DE DROIT DE L'UNIVERSITÉ DE PARIS

L'IDÉE

DE

PAIX PERPÉTUELLE

DE JÉRÉMIE BENTHAM

THÈSE POUR LE DOCTORAT

L'ACTE PUBLIC SUR LES MATIÈRES CI-DESSUS

Sera présenté et soutenu le Samedi 28 Janvier 1905, à 1 heure

PAR

EDGARD BRIOUT

Président : M. PILLET, *professeur.*
Suffragants : { MM. LESEUR, *professeur.*
PIÉDELIÈVRE, *professeur.*

PARIS (5ᵉ)

V. GIARD & E. BRIÈRE
Libraires-Éditeurs
16, RUE SOUFFLOT ET 12, RUE TOULLIER

1905

INTRODUCTION

I

Toujours les hommes ont tenté de s'élever au-dessus des banalités ou des tristesses de l'existence. Le monde ne leur plaisant pas tel qu'il est, ils l'ont « rêvé » autrement et, parfois même, ils ont cherché à le modifier suivant leur rêve. C'est ainsi que les poètes ont chanté l'Arcadie, les Jardins des Hespérides et bien d'autres contrées, aussi fabuleuses, dont la description charmait, quelques instants, les pauvres hères en proie aux amertumes de la vie et, souvent, il est arrivé que des personnes ont cru à ces royaumes de l'imagination et sont parties, sur la foi des légendes, à la conquête de l'Eldorado, à la découverte de la fontaine de Jouvence. D'autre part, des philosophes et des politiques ont construit sur le papier et quelquefois essayé d'édifier, dans la réalité, des « Républiques » parfaites, des « Salente » idéales, des cités communistes où, à l'abri de la haine et de la pauvreté, tout le monde aurait joui de la plus grande somme de bonheur possible. Enfin, les jurisconsultes même s'en sont mêlés. Epouvantés par les ravages, par l'atroce cruauté de la guerre, ils ont désiré un monde moins cruel où les hommes ne s'égorgeraient plus et ils ont proposé, à leurs concitoyens, aux potentats de leur époque, leurs systèmes de « paix perpétuelle ».

Parmi ces derniers se trouve Jérémie Bentham.

II

Il naquit à Londres en 1748.

Ce fut un laborieux et un philanthrope. Durant son existence, il ne songea qu'à soulager la misère humaine et à batailler contre les abus. Entré à quinze ans à l'Université d'Oxford, Bachelor of arts à seize ans, Master of arts à vingt et un ans (1), il étudia le droit sur le désir de son père, mais il fit un avocat quelque peu original. Loin de s'appliquer à devenir un juriste

1. Bentham, *Principes de législation et d'économie politique*, S. Raffalovich (Paris, Guillaumin et Cie, 14, rue de Richelieu), introduction, p. III.

habile, tortureur de textes, embrouilleur de procès, il attaqua les iniquités de la législation, l'arbitraire de la jurisprudence d'alors et, ne pouvant se décider à faire partie active d'un corps où l'on portait des toasts à la « glorieuse incertitude de la loi » (1), il se contenta d'être surtout un conciliateur. « A mon début au barreau, écrit-il, on m'avait réservé deux ou trois affaires, mon premier soin fut de les étouffer et mes efforts ne furent pas sans succès » (2).

En 1777, il publia sans les signer, les fragments sur le gouvernement, critique philosophique des principes exposés, par Blakstone, dans ses commentaires. L'ouvrage fit beaucoup de bruit et fut attribué à plusieurs célébrités de l'époque, mais le père de Bentham ayant dévoilé l'incognito, la vente baissa (3). Le jeune jurisconsulte ne se découragea pas. Il poursuivit ses études, accumula des matériaux, rechercha les abus de la législation anglaise, les remèdes à y apporter et se constitua ainsi un cadre immense que toute sa vie fut occupée à remplir.

Habitué, comme légiste, à n'envisager les actions humaines que par leur côté social ou

---

1. *Dictionnaire des sciences politiques* (Paris, Hachette, 1844), art. Bentham.
2. S. Raffalovich, *op. cit.*, introduction, p. III.
3. S. Raffalovich, *op. cit.*, introduction, p. VII.

leurs conséquences relatives à l'intérêt général, Bentham finit par méconnaître le côté moral ou individuel (1) et il en arriva à affirmer que le seul principe, au moyen duquel il fut possible de différencier une action d'une autre, était l'utilité. A ce sujet, de nombreux écrivains l'ont attaqué, d'autres l'ont défendu et, en particulier, Molinari qui interprète : « Rien n'est utile à l'homme que ce qui est juste » (2).

Quoi qu'il en soit, son labeur est incontestable et ses écrits très nombreux, aux vues souvent originales, aux aperçus ingénieux, ont éclairé d'une lumière nouvelle la science du droit :

Entre temps, il continuait à s'inquiéter du bonheur de ses semblables ; il s'occupa même d'améliorer le sort des détenus. Dans ses *Panoptiques*, il construisit, de toutes pièces, une maison de détention modèle où tout était réglementé, dans les plus minutieux détails. Il essaya de mettre son idée en pratique ; après de multiples péripéties, de nombreux déboires, il échoua dans son projet.

Nous arrivons maintenant au récit d'un incident qui dut causer, à notre jurisconsulte, un certain plaisir. Le roi Georges voulait briser l'al-

1. *Dictionn. philosoph.*, Bentham.
2. S. Raffalovich, *op. cit.*, introduction, XXI.

liance du Danemark et de la Russie, pour mieux écraser cette dernière ; il envoya, sous un pseudonyme, à la *Gazette de Leyde*, des lettres qui conseillaient au roi de Danemark, avec force arguments, d'abandonner l'alliance russe. En même temps, il chargeait son ambassadeur à Copenhague d'entamer des négociations dans ce sens (1). Bentham, entrant alors en lice, publia, dans le *Public advertiser*, une série de lettres signées « Antimachiavel », dans lesquelles il montrait l'absurdité d'une politique qui poussait l'Angleterre à la guerre, pour obtenir des avantages illusoires. Aussitôt, sous le pseudonyme de « Partizan », Georges III répliqua. Bentham revint à la charge. Sa réponse écrasante mit tout le monde de son côté et la guerre fut, paraît-il, écartée.

Son projet de « Paix perpétuelle » parut à la veille de la Révolution. Sa foi robuste fut-elle ébranlée par cette tempête de guerres qui dévasta l'Europe, plus de quinze années durant ? Il est très probable que non. Stuart Mill ne nous avoue-t-il pas que « Bentham resta enfant jusqu'à la fin » (2)? Semblable à l'abbé de Saint-Pierre qui obsédait les souverains avec ses cinq articles, il

1. S. Raffalovich, *op. cit.*, introduction, p. XXVI.
2. *Id.*, p. XLIX.

écrivit, plusieurs fois, au déclin de sa vie, à l'empereur de Russie et au président des Etats-Unis, leur proposant diverses réformes de législation. Il mourut le 6 juin 1832. Dans son testament il léguait son corps à l'amphithéâtre de dissection (1).

Talleyrand disait : « J'ai connu de grands guerriers, de grands hommes d'Etat, de grands écrivains, je n'ai connu qu'un seul grand génie, et ce génie c'est Bentham » (2).

III

Tous les hommes, même les plus heureux, assure Bentham, dès les premières lignes de son projet, sont exposés aux atteintes de la guerre. En effet c'est un des plus terribles fléaux qui existent et l'histoire du monde qu'est-ce autre chose que l'histoire de la guerre ?

Dans l'Asie antique nous voyons les hordes d'invasion se succéder, sans interruption, à travers les siècles. A tour de rôle, les Egyptiens, les Assyriens, les Chaldéens, les Perses, les soldats d'Alexandre la parcourent en tous sens,

1. *Dictionn. philosoph.*, Bentham.
2. *Dictionn. d'économie politique*, de Ch. Coquelin et Guillaumin 1873, imprimerie Guillaumin et Cie, art. Bentham.

pillant, tuant, ravageant A peine une armée
avait-elle disparu qu'une autre surgissait à l'horizon. On détruisait les villes. On massacrait, au
hasard, femmes, enfants, vieillards et souvent
des peuples entiers, réduits en servitude, étaient
emmenés, loin de leur patrie, pour travailler à
ces monuments, dont quelques-uns ont traversé
les âges : pyramides d'Egypte, palais de Suse,
jardins de Babylone.

Chez les Grecs, dès les temps primitifs où
« être pirate était une profession honorable » (1),
nous assistons à des guerres continuelles...
Siège de Thèbes... siège de Troie. Nous en pas-
sons, puis c'est la ruée des deux millions d'hommes de Xerxès, le choc de la vieille Asie et de
l'Europe à son aurore et, après la défaite des
barbares, s'ouvre l'implacable rivalité de Sparte
et d'Athènes qui se clôt par la guerre sanglante
du Péloponèse, mais aussitôt Thèbes combat contre Lacédémone pour l'hégémonie, en attendant
que parussent Philippe et Alexandre de Macé-
doine. Quant aux violations de traités, aux attaques imprévues, aux barbaries, aux guet-apens,
l'histoire ne saurait les compter, car l'on appli-
quait, dans toute sa dureté, cette maxime dont
parle Thucydide que « à un roi et à une républi-

1. Justin, *Hist.*, I, XLIII, cap. III.

que rien de ce qui est utile n'est injuste » (1)

Pendant ce temps Rome soumettait les peuplades de l'Italie et lançait sur le monde ses légions. Plusieurs siècles durant, la « Ville » est en guerre, continuellement, sans trêve, sans repos, subjuguant ou massacrant les peuples, portant avec ses Scipion, ses Metellus, ses Scylla, ses Marius et ses César, le fer et le feu dans toutes les contrées connues, jusqu'au jour où, sortis des forêts de Germanie, accourus des steppes du Nord, les barbares l'assaillent à son tour. C'est l'époque des grands ravageurs, des « Fléaux de Dieu »; des Attila, des Alaric, des Genséric, des Odoacre qui font, à coups d'épée, crouler l'ancien monde. Aussitôt après, Mahomet paraît, le glaive et le Coran parcourent les deux tiers du globe. Puis Charlemagne monte sur le trône et bataille pendant un demi-siècle; « présent partout et partout vainqueur, il écrase les nations de fer, comme César les hommes et femmes de l'Asie » (2). A peine est-il mort que déjà, âpres au pillage, les Normands surgissent et le moyen âge est plein du tumulte des armes L'Eglise, avec la « Trêve de Dieu », est obligée d'intervenir. Tandis que les Croisades

1. Thucydide, *Hist.*, *Liber* VI.
2. Joseph de Maistre, *Considérations sur la France.*

jettent des centaines de mille hommes sur la Palestine, où les cadavres s'amoncellent, on se bat en Allemagne, en France, en Espagne, en Angleterre et Gengis-Khan, après avoir ravagé l'Asie, pousse ses hordes jusqu'en Europe. Cette époque se ferme sur la guerre de Cent ans et la prise de Byzance.

Les temps modernes voient la découverte de l'Amérique et la destruction de la race rouge, le règne de Soliman le Magnifique, les guerres d'Italie, les guerres religieuses, les massacres des Pays-Bas et d'Irlande, les campagnes de Louis XIV et de Frédéric de Prusse, l'aventure de Charles XII, la lutte pour l'indépendance américaine, les tueries et les guerres de la Révolution et la sanglante épopée impériale.

Tels sont, très brièvement énumérés, jusqu'au début du dernier siècle, les méfaits de la guerre qui, suivant Joseph de Maistre, est l'état habituel du genre humain et qui, d'après les calculs de Flammarion, fait mourir quarante millions d'hommes, par centaines d'années. Aussi n'est-il pas étonnant que, comme plusieurs autres, Bentham ait rêvé une organisation où les différends seraient réglés, sans effusion de sang, et qu'il ait écrit son « Projet » destiné à ramener l'âge d'or, cette époque chantée par Ovide où l'on « n'entendait ni clairons, ni trompettes, où on ne voyait ni casques, ni épées où, sans soldats, les peuples, dans le calme de la paix, jouissaient des plus heureux loisirs » (1).

1. Ovide, *Métamorphoses*, traduction franç. de Gross. Livre I, vers 98-100, Garnier 1862, p. 6.

PREMIÈRE PARTIE

Exposé du projet de Bentham

I

Au début de son traité, Bentham remarque qu'avant lui deux écrivains, Jean Tucker et Anderson ont exposé les principes qu'il va développer ; il a eu d'autres devanciers que certes, il n'a pu ignorer, car ils étaient proches de lui.

Dans l'antiquité on ne pouvait songer à bâtir un système de paix perpétuelle et universelle, la civilisation étant le lot de peuples peu nombreux qui devaient sans cesse lutter contre les barbares. Comme premier modèle de tribunal arbitral, on cite, pourtant chez les Grecs, les Amphictyonies qui, d'origine religieuse, furent, dans la suite, chargées d'examiner les affaires des États confédérés et de résoudre leurs différends. Mais, en réalité, elles n'empêchèrent aucune guerre. A un certain point de vue, on trouve, dans Isocrate, un précurseur lointain de Bentham. Dans son discours sur la « Paix », ce sophiste conseillait à ses compatriotes de renoncer à la souveraineté de la mer et d'accorder leur indépendance aux Etats insulaires rebelles, c'est-à-dire, en somme, « d'émanciper les colonies », la grande idée du jurisconsulte anglais.

Au moyen âge, la papauté essaya de jouer le rôle de médiatrice et de constituer ce qu'on devait appeler « la République chrétienne », elle échoua. Dès le seizième siècle, apparurent les auteurs de projets de paix. Les premiers nous transportèrent dans des cités irréelles, supposant des êtres parfaits. Nous citerons Thomas Morus, avec son « Utopie », et Campanella qui nous décrivit l'idéale constitution des Etats du Soleil. Vinrent ensuite ceux qui rêvèrent d'organiser l'Europe de telle façon qu'il n'y eut plus de guerres. Sully nous a expliqué le « grand projet » de Henri IV. Quelques années plus tard Emeric Lacroix, dans son « nouveau Cynée », et Grotius, dans son traité « *De jure belli et Pacis* », proposèrent l'établissement d'une diète ou assemblée, chargée de régler les différends entre peuples. Au dix-huitième siècle l'abbé de Saint-Pierre accabla de ses lettres les souverains, leur envoyant, en cinq articles, la composition du « merveilleux remède » qui

devait assurer la paix. Pendant ce temps, Leb-
nitz faisait connaître le projet du landgrave
Ernest de Hesse Cassel et, un peu plus tard que
Bentham, Kant édictait les articles définitifs
d'un traité de paix perpétuelle.

Le projet de l'auteur anglais est relativement
court. Il se trouve à la fin (1) de son livre sur
le droit international dont il forme le quatrième
chapitre et il est subdivisé en quatorze propositions. C'est l'un des plus curieux qui existent.
Les idées en sont originales et paraîtront
bizarres. En tout cas, il décèle une grande naïveté, une méconnaissance absolue des principes
qui ont fondé la grandeur anglaise et il se rapproche beaucoup, au point de vue imaginatif,
des rêves de Campanella et de Thomas Morus.

II

Dès le début, Bentham établit que l'homme le
plus obtus ne peut nier les avantages de la
paix et les maux de la guerre. Il sait que s'il
parle de paix perpétuelle on lui répondra aussitôt que c'est impossible, mais il prouvera que
cette impossibilité est apparente. Qu'on ne lui

1. *Principles of international Law, Essay IV*, p. 546 et seq.
œuvres de Bentham.

objecte pas non plus que son époque n'est pas préparée pour une telle réforme, une pareille proposition n'est jamais inutile.

Et alors, après avoir invoqué l'appui de tous ceux qui « portent le nom de chrétiens » catholiques ou réformés, il pose les deux grands principes sur lesquels est édifié son projet :

1) Emancipation par chaque Etat de ses colonies ;

2) Réduction et fixation de la force armée de chaque puissance européenne.

Son traité peut se diviser en deux parties. Dans la première (prop. I à IX) il se demande si la suppression des principales causes de guerre (qui sont, comme il essaye de le prouver, les colonies, les traités d'alliance, de commerce, les forces navales) serait ruineuse, pour l'Angleterre d'abord, la France ensuite et, conséquemment, les autres peuples. Et il étudie cette question, à la lueur des propositions suivantes :

1) L'augmentation de la richesse d'une nation, dans une période donnée, est nécessairement limitée par la quantité de capital que cette nation possède durant cette époque ;

2) La Grande-Bretagne, avec ou sans l'Irlande et ses colonies, n'a nulle injure à redouter de quelque puissance que ce soit.

3) La France, de son côté, n'a qu'une seule

ennemie sérieuse : l'Angleterre. Délestée de ses colonies, qu'aurait-elle à en craindre ? Rien.

Dans la deuxième partie, il explique l'organisation que devront adopter les Etats d'Europe pour régler pacifiquement leurs conflits (prop. XI à XIV).

On remarquera que Bentham s'occupe surtout des relations de la France et de l'Angleterre et qu'il cherche, préalablement, à établir la paix entre ces deux puissances. Son projet en sera, pour nous, d'autant plus intéressant.

Cela posé, il commence son argumentation.

III

« L'Angleterre affirme-t-il, dans la première de ses quatorze propositions, qui est fort étrange sous la plume d'un Anglais, n'a aucun intérêt à posséder des colonies ». Pourquoi ?

D'abord parce que les colonies multiplient les risques de guerres en apportant un nouveau sujet de dispute : souvent les titres de possession en sont obscurs. Une terre nouvelle est-elle découverte ? (1), toutes les nations la désirent d'où

1. Nous avons rassemblé les arguments que Bentham énumère en deux endroits différents : page 547 de l'édition déjà citée de ses œuvres à partir de « By increasing the number, etc. » et page 548 à partir de « Saving the danger of war, etc. »

forcément naissent des conflits. Pour s'en emparer, il faut se battre, pour la conserver, il faut également se battre, car, tôt ou tard, un peuple ennemi sera séduit par l'ombre de puissance qu'elle donne et, profitant d'un moment de faiblesse ou croyant l'heure propice, tentera de la ravir. Et l'on devra la défendre non seulement contre l'étranger qui rôde autour, mais contre elle-même. Des séditions, des révoltes, un jour ou l'autre, y éclateront que l'on sera obligé de réprimer et — chose absurde — les guerres coloniales étant lointaines, paraîtront moins sanglantes que celles qui se dérouleraient, aux frontières de la mère patrie. Conquise par l'épée, la colonie ne se gardera que par l'épée (1).

Un peuple consentira-t-il à se défaire de territoires qui lui auront coûté de grands sacrifices d'argent et de soldats ? Bentham ne se laisse pas démonter ; revenant à sa doctrine favorite de l'utilité, il prouve que les colonies sont nuisibles, qu'en les abandonnant, non seulement, on fera faire un pas gigantesque à la cause de la paix perpétuelle, mais qu'on aura tout à y gagner.

1. On peut se demander, dit J.-B. Say, en voyant la rage aveugle avec laquelle les Européens se disputaient ces contrées (l'Amérique et les Indes) si les grands navigateurs du XVI⁰ siècle ne leur avaient pas fait un présent funeste.

En effet, d'une manière générale, un peuple peut se livrer à l'agriculture, aux différentes sortes de commerce ou travailler dans les manufactures, mais, quoi qu'il fasse, le nombre de ses industries profitables est limité par le capital qu'il possède, de sorte que si, par exemple, il se tourne vers le commerce tous les capitaux qu'il y mettra seront autant de capitaux enlevés à l'agriculture qui est, sans contredit, le travail le plus utile, le plus fécond. Ainsi tout encouragement accordé à quelque autre branche d'industrie sera un coup porté à l'agriculture. Or à quoi servent les colonies ? A augmenter la fabrication et la vente des objets manufacturés, à développer artificiellement le commerce d'un pays, au détriment des autres travaux ou industries, c'est-à-dire, à détourner de l'agriculture, à enlever des capitaux au travail de la glèbe nourricière. Pourtant, objectera-t-on, que faites-vous des bénéfices du commerce colonial ? -- Ils sont nuls. Les marchandises que vous envoient les colonies, les avez-vous pour rien ? Loin de là, vous les payez comme si vous les achetiez à une nation indépendante ou comme les paierait un étranger, sans compter que le jour où, par le hasard d'une guerre ou d'une révolution, vous perdrez une colonie, vous perdrez, avec elle, tout le travail, tout l'argent qu'elle vous aura coûtés. Etrange bénéfice ! On pourra encore objecter que si les colonies ne vous apparte-naient pas, elles ne commerceraient pas avec vous. Pardon, riposte Bentham, cela n'est pas toujours exact et puis, supposons que cela soit, que le commerce colonial périsse avec les colonies, qu'y perdrez-vous ? Rien, votre acti-vité et vos capitaux se porteront vers l'agri-culture qui deviendra plus florissante.

Maintenant parlerons-nous des fonctionnaires civils et militaires grassement rémunérés que la mère patrie entretient dans ses possessions éloi-gnées, des intrigues, des cabales, de la corrup-tion, des achats de votes et de consciences dont sont causes ces postes recherchés, des complica-tions apportées dans le gouvernement de la mé-tropole, des intérêts contraires à concilier ? Non, le procès est jugé, les colonies sont, pour un pays, vraiment comparables au boulet que traîne un forçat et le peuple qui, dans un désir de paix, s'en débarrasserait, y trouverait sûrement son bénéfice.

Bentham ne s'arrête pas là. Les colonies elles-mêmes, continue-t-il, que l'on sacrifie constam-ment à la métropole, auront tout intérêt à recou-vrer leur indépendance. Cela se comprend. Jamais un pays n'est bien administré, quand son gouvernement réside au loin et surtout quand il

réside à deux ou trois mille lieues de distance.
Comment ce dernier pourvoirait-il, avec promptitude, à des besoins qu'il connaît mal et qui souvent urgent et défendrait-il des intérêts la plupart du temps opposés aux siens ? Le gouvernement de la mère patrie est obligé de confier à des agents parfois malhonnêtes ou incapables un pouvoir presque discrétionnaire et toujours il est dupe des rapports plus ou moins mensongers qu'on lui adresse.

Bentham renferme sa pensée dans ce dilemne. Vous gouvernerez vos colonies ou pour vous ou pour elles-mêmes. Si vous les gouvernez dans vo propre intérêt, vous les gouvernerez mal, si c'est dans leur intérêt, vous ne les gouvernerez pas autrement qu'elles ne le feraient elles-mêmes.

Et, dans un intérêt commun, aussi bien qu'à l'appui de sa thèse de paix, Bentham édicte les deux articles :

1) Abandonner toutes les colonies ;

2) Ne plus en acquérir de nouvelles.

Et en attendant que cette réforme s'accomplisse, il propose, à titre de mesures transitoires, les règles suivantes :

1) Rapatrier toutes les troupes employées dans les colonies ;

2) Ne plus accorder de subventions pour l'en-

tration d'aucun service civil dans une colonie quelconque ;

3) Nommer aux emplois dans les colonies aussi longtemps qu'elles ne refuseront pas ce droit à la métropole, céder dès qu'elles s'y opposeront ;

4) Ordonner aux gouverneurs d'approuver tous les actes qui leur seront présentés ;

5) Ne rien dépenser pour fortifier les colonies.

IV

Puis Bentham pose plusieurs propositions qui découlent plus ou moins de la première et qui sont aussi hardies.

L'Angleterre, dit-il, n'a nullement besoin de contracter des alliances offensives ou défensives avec une puissance quelconque.

D'une part, la défense du territoire ou de la constitution des pays étrangers ne la regarde pas. D'autre part, il est odieux de s'allier dans le but d'attaquer un voisin et de lui enlever tout ou partie de ses possessions coloniales ou continentales.

Bentham va même plus loin.

Et il affirme que l'Angleterre n'a aucun intérêt à édicter des mesures et à conclure des traités lui accordant des avantages commerciaux, à l'exclusion des autres nations. Voici comment il le démontre. Une nation étant composée d'individus, son commerce total doit être limité par les mêmes causes qui limitent le commerce de chaque individu, or un simple marchand ne fera pas plus de commerce qu'il ne possède de capital ; ainsi en sera-t-il pour l'ensemble des marchands, c'est-à-dire pour la nation, d'où il s'ensuit que les mesures prises par le gouvernement, pour l'encouragement prétendu du commerce, telles que les primes, les prohibitions et les traités commerciaux sont parfaitement inutiles. Le capital en sera-t-il augmenté ? Non. Pourtant, objectera-t-on, le commerce n'ouvre-t-il pas des débouchés à l'agriculture que vous prônez tant ? Par conséquent, si le commerce devient plus florissant l'agriculture suivra une marche parallèle. Il peut se faire, réplique Bentham, que ce résultat soit acquis de cette manière, mais d'autres causes plus naturelles, plus logiques le produiront également. Les paysans ne sont-ils pas à la fois producteurs et consommateurs ? Ne consomment-ils pas une grande partie des fruits qu'ils arrachent à la glèbe ? Eh bien ! cela posé, raisonnons par l'absurde. Supposons que les produits de la terre abondent et tombent à un prix dérisoire : la vie étant à meilleur marché et la crainte de l'avenir moins aiguë, nul n'hésitera à se marier, à fonder une famille et le terrible problème de la surabondance de provisions sera résolu par le nombre croissant d'enfants. Donc l'agriculture se sert de marché à elle-même et les traités commerciaux conclus pour lui créer des débouchés sont parfaitement inutiles. En les supprimant, on n'aura, en conséquence, à redouter aucune perte, mais — gain inestimable — on évitera les guerres très souvent faites pour leur maintien ou leur respect.

V

Des propositions précédentes, qu'il ne faut plus de colonies, ni de traités, Bentham en tire, très logiquement, une quatrième qui a dû faire bondir — ou sourire — ses compatriotes et qui n'est pas la moins étonnante de toutes. Elle tend, en pratique, à la ruine de la puissance britannique.

« Il n'est pas de l'intérêt de l'Angleterre de posséder plus de forces navales qu'il ne lui en est nécessaire pour se défendre contre les pirates ».

Albion devra donc abandonner ses nombreux et superbes vaisseaux qui ont établi sa domina-

tion sur les mers — et sur le monde — et qui,
aux heures critiques, ont sauvé sa fortune.

Dans la thèse de Bentham, cette proposition,
qui semble exhorbitante, est très rationnelle. A
quoi sert surtout une flotte de guerre ? A protéger les colonies et le commerce. Mais il n'y aura
plus de colonies et le commerce sera réduit au
strict nécessaire ; la flotte devient inutile ; il y
aura simplement lieu de conserver le nombre
de vaisseaux suffisants pour se défendre contre
les attaques des pirates, de ceux qui — hors du
droit des gens — ne pourront ni ne voudront
entrer dans la grande confédération proposée,
plus loin, par le jurisconsulte anglais.

De la suppression de la flotte, il ressort naturellement « qu'il n'est plus nécessaire de garder
les règlements relatifs à l'augmentation et au
maintien des forces navales tels que : l'acte de
navigation, les primes sur le commerce du
Groenland.

VI

Après s'être occupé de l'Angleterre, Bentham
assure que la France, elle aussi, et pour les
raisons exposées plus haut, a tout intérêt à
émanciper ses colonies, se défaire de ses flotte
et ne plus conclure de traités commerciaux ni

d'alliance. La seule puissance redoutable pour elle est la Grande-Bretagne ; et comme nous savons que la réciproque est également vraie, une fois que ces deux nations se seront conformées ensemble aux cinq articles précédemment énumérés, elles n'auront plus rien à craindre l'une de l'autre. Naturellement, dans l'esprit de Bentham, la Hollande, l'Espagne, etc. devront, pour les mêmes raisons, agir comme elles, mais les deux puissances dont il faut, avant tout, tenir compte sont la France et l'Angleterre ; en les supposant d'accord, les difficultés que soulève l'établissement d'un plan de pacification permanente et générale pour l'Europe seraient singulièrement aplanies et l'on aborderait, avec quelque chance de succès, la discussion des propositions suivantes, où est exposée l'organisation grâce à laquelle la paix serait maintenue.

VII

On peut, à la rigueur, supposer un peuple abandonnant ses colonies et se tenant à l'écart dans un isolement, splendide ou non, mais un peuple pris de la folie du suicide, c'est-à-dire désarmant complètement, se mettant à la merci du conquérant toujours possible, jamais ! Aussi est-il fort peu probable qu'il s'en trouvera un pour détruire sa flotte de guerre et licencier ses fantassins et ses cavaliers. Bentham le comprend parfaitement et il comprend que pour supposer le désarmement partiel réalisable il faut qu'il existe un traité, une convention entre les parties intéressées. De là sa douzième proposition.

« Pour le maintien d'une telle paix, des traités généraux et perpétuels peuvent être conclus limitant le nombre des troupes ».

Et encore, dès le premier pas, il prévoit une objection ; si l'on ne considérait que les relations ayant lieu entre deux puissances, l'entente serait facile, malheureusement, les relations ne sont pas simples. La France dira à l'Angleterre : « Si vous étiez seule, je concluerais volontiers, avec vous, un traité de désarmement, mais je dois songer aussi à me défendre contre la Prusse, la Russie, la Turquie, etc. » La Prusse tiendra un raisonnement similaire. De même les autres.

En ce qui concerne les forces navales, pour l'Europe la difficulté ne serait pas insoluble : La France, l'Espagne et la Hollande font contrepoids à la puissance britannique. L'Angleterre peut donc reconnaître à ces trois pays une puissance égale à la sienne et admettre un désarmement proportionnel. Ils entretiendraient une flotte égale à la moitié ou à plus de la moitié de la flotte anglaise.

Et ici, sans doute pour ménager la susceptibilité de ses compatriotes, Bentham s'escrime à prouver qu'une telle manière de procéder ne serait pas déshonorante. Si l'on disait : « Telle puissance désarmera » alors que l'autre, la rivale, l'ennemie resterait dans le *statu quo*, en un mot, s'il était unilatéral, le pacte serait honteux. C'est ce qui advint après la première guerre punique où l'on stipula que le nombre des vaisseaux carthaginois serait limité. Une telle condition était humiliante pour Carthage parce qu'en même temps elle ne frappait pas Rome. Un traité, qui place toute la sécurité d'un seul côté, ne peut être qu'une loi dictée par le vainqueur au vaincu. Seul, un vaincu l'acceptera. Au contraire, une nation qui donnerait aux autres le signal du désarmement, en proposant de réduire et de fixer le chiffre de sa force armée, se couvrirait d'une gloire immortelle. Le risque serait nul et le gain certain. La nation qui rejetterait cette proposition prouverait, indubitablement, qu'elle est agitée de mauvaises intentions tandis que l'autre donnerait une preuve incontestable de son désir de paix.

Cette proposition, faite d'une manière publique, serait une adresse d'une nation à une

nation ; de telle sorte, on se concilierait la confiance du peuple sollicité et, en même temps, on
ôterait à son gouvernement le moyen de considérer, comme négligeable, une proposition si
solennelle ou de la repousser, par des subterfu-
ges et des faux-fuyants. On s'entendrait sur les
garanties et les concessions réciproques.

VIII

Au cas où ce traité présenterait quelque difficulté, Bentham avance une hypothèse plutôt
fantaisiste. Si son pays demeurait sourd à sa
proposition, pourquoi la France ne prendrait-
elle pas, d'elle-même, l'initiative et, sans accord
aucun, sans se préoccuper des autres nations,
n'abandonnerait-elle pas ses colonies, ne licen-
cierait-elle pas ses soldats ? Elle trouverait, suivant notre jurisconsulte, dans l'exécution de
cette folie, un avantage énorme et aucun danger
n'en résulterait. Et Bentham répète ici ce qu'il
a déjà dit des bienfaits qui découleraient de
l'abandon des colonies, sources de dépenses et
non de revenus, causes de l'agrandissement de
la marine. La France aura simplement besoin de
quelques frégates pour se défendre contre les
pirates barbaresques. Actuellement, en cas de
guerre entre elle et l'Angleterre, que fera cette

puissance ? Elle attaquera les colonies de sa rivale. Emancipez-les, et la Grande-Bretagne sera forcée de s'en prendre aux territoires continentaux. Dans quel but? Oh ! pas dans l'intention d'une conquête permanente; à notre époque (c'est-à-dire en 1789), on ne s'empare pas ainsi d'un pays. Jamais le parlement ne voterait un sou pour une campagne qui ferait du roi d'Angleterre un monarque absolu. Ce sera pour piller et dévaster, motif indigne d'une nation. D'ailleurs, une expédition déprédatoire a-t-elle jamais remboursé celui qui l'a entreprise ? Non, en principe, une guerre favorable ou défavorable est ruineuse et, ironie des choses, tout gouvernement thésaurise pour faire la guerre.

Mais, dira un Anglais, les grands obstacles à l'établissement d'une paix perpétuelle sont l'ambition et la perfidie de la France. C'est une erreur répond Bentham, vous, Anglais, vous regardez l'abandon des colonies comme la partie la plus impraticable de mon projet, pourtant deux Français, hommes remarquables, Turgot et Vergennes, ont préconisé cet abandon. Après tout, cet événement remettrait les choses sur le même pied qu'avant la découverte de l'Amérique. L'Europe n'avait ni colonies, ni établissements lointains, ni armées permanentes. Les causes de guerre étaient : 1) les inconvénients du système féodal ; 2) les minuties religieuses ; 3) la rage de conquérir et 4) les incertitudes des successions. De ces quatre causes, la première n'existe plus, les deux suivantes sont presque éteintes, reste la quatrième qui pourrait l'être bientôt.

Notre auteur termine sa digression en constatant avec amertume que la justice n'a pas encore gagné un ascendant sur la force dans l'opinion générale et il avoue que ses compatriotes méritent le reproche d'avoir abusé de la supériorité de la force, au détriment de la justice, plus que toute autre nation. Il s'adresse à eux pour commencer la réforme tant désirée ; la plus puissante des nations sur mer et l'une des plus puissantes sur terre ne saurait être humiliée en prenant l'initiative d'une telle entreprise.

IX

Il est beau de dire : les nations européennes désarmeront, abandonneront leurs colonies etc., encore faut-il qu'il y ait une autorité supérieure, reconnue et incontestée, qui veille à la bonne exécution de ces diverses opérations, qui empêche les perfidies et les trahisons ; et Bentham en arrive à l'idée qui, avant et après lui, a séduit beaucoup d'intelligences, à l'idée d'un tribunal arbitral supposant une confédération de peuples.

Sa treizième proposition est ainsi conçue :

Le maintien d'une telle paix peut être considérablement facilité par l'établissement d'un tribunal arbitral, même n'étant armé d'aucun pouvoir coercitif ».

Jusqu'ici, dit-il, on a érigé en principe qu'une nation est juge dans sa propre cause, que, si cela lui plaît, elle est libre de ne jamais concéder à une autre de ce qu'elle considère comme son droit. Il en résulte que chaque fois qu'il y aura dissidence entre les deux négociateurs la guerre éclatera, qui, seule, est capable de trancher le différend. Établissez un tribunal arbitral ; la guerre ne s'ensuivra pas nécessairement d'une dissidence d'opinions. La décision des arbitres juste ou injuste sauvera l'honneur de la nation condamnée. On objectera sûrement qu'il sera très difficile de constituer ce tribunal. A cela Bentham répond, en énumérant plusieurs conventions du même genre et aussi compliquées qui ont été menées à bonne fin, telles que : la neutralité armée, la Confédération américaine, la Diète germanique, la Ligue suisse. Pourquoi la fraternité n'existerait-elle pas aussi bien dans la Confédération des États européens que dans la Diète germanique ou la Ligue suisse ? L'adhésion de la majorité des puissances entraînerait les autres comme dans le cas de neutralité armée? Ce tribunal serait chargé d'examiner la question du désarmement. On stipulerait, par nation, le chiffre de la réduction. Préalablement à la signature du traité, on étudierait comment le projet serait appliqué chez les divers intéressés, de manière à ce qu'on pût l'exécuter, aussitôt après sa ratification.

A cette diète générale, chaque puissance enverrait deux députés; les séances seraient publiques; Bentham est l'ennemi des délibérations secrètes; il nous en donnera le motif dans sa dernière proposition. La Diète prendrait des décisions et les ferait publier dans le territoire des Etats intéressés. Les manifestes de ce genre sont d'un usage commun. On s'en inquiète. On les lit. L'exemple de la Suède montre le parti qu'on en peut tirer. La guerre commencée contre la Russie en 1788 ayant été regardée, par une grande partie des sujets du roi, comme une atteinte à la constitution établie par lui, avec l'assentiment des états, les officiers refusèrent de marcher. Le roi fut obligé de retirer les troupes de la frontière et de convoquer une assemblée. Enfin, après un certain délai, la Diète pourrait mettre l'Etat réfractaire au ban de l'Europe. Et Bentham se hasarde à avancer, sous forme dubitative, un projet gros de conséquences. Il serait peut-être utile, dit-il, de fixer, comme dernière ressource, le contingent qui serait fourni par chaque Etat pour l'exécution des décrets de la Diète. Et ainsi, après l'abandon des colonies et du commerce, la réduction des armements et l'établissement de la confédération, ce serait le dernier coup porté à l'indépendance et à la souveraineté des Etats. Nous sommes loin du « même sans pouvoir coercitif ». Néanmoins Bentham se ravise car il ajoute aussitôt : il vaudrait peut-être mieux garantir la liberté de la presse dans chaque Etat, de telle manière que la Diète publiât ses décrets partout où besoin serait, sans opposition de qui que ce soit.

X

La quatorzième proposition est ainsi conçue :
« Le secret dans les opérations du ministère des Affaires étrangères est inacceptable en Angleterre, il est inutile et il répugne tant à la cause de la liberté qu'à celle de la paix ».

Dans le système de notre auteur, cette proposition se comprendrait très bien ; les puissances n'étant que les parties d'une seule organisation, pourquoi existerait-il des secrets entre elles ? mais Bentham désire que cette mesure soit appliquée de suite en Angleterre. Ses arguments visent le régime parlementaire.

Ce secret, dit-il, est nuisible, car vous ne pouvez contrôler les mesures que vous ignorez. Et, ne les contrôlant pas, comment les empêcher ou les désapprouver si elles sont ruineuses ? Et, comme les actes, au premier abord, les plus inoffensifs, tels que les traités de commerce, conduisent parfois indirectement à la guerre, on en arrive à violer la loi. N'est-il pas admis que les ministres n'ont pas le droit d'imposer à la nation des taxes, ni de maintenir des troupes contre sa volonté, or faire la guerre sans sa volonté c'est en vérité faire les deux. Mais, dira-t-on, le Parlement peut refuser les moyens de continuer la guerre ou éloigner les ministres qui en sont causes. Remèdes illusoires ! Avant l'agression, la paix ou la guerre dépend de l'agresseur, une fois faite, elle dépend des deux et l'on se trouve en face de cette alternative : se livrer entre les mains d'un ennemi exaspéré ou continuer à se battre. Quant à la punition des auteurs de la guerre, elle n'est pas une satisfaction pour la nation et jamais la crainte d'un châtiment ne les arrêtera. Ils ont une majorité dans le Parlement ou ils ne seraient pas ministres. Qu'ils soient abandonnés par cette majorité, cela est bien possible, est-ce une punition ? et punit-on les

crimes des hommes d'Etat ? non, alors pourquoi
punirait-on la duplicité dans un cas où elle peut
produire de si heureux résultats, comme dans
la guerre ? Le ministre sera plutôt puni pour
avoir fait la paix. En cas de désastre, il dira :
« C'est votre intérêt que je poursuivais, j'ai tra-
vaillé de mon mieux. L'événement a été défavorable, soit ! le zèle et l'infortune sont-ils
regardés comme des crimes ? » et la majorité
de la nation répétera en chœur : « C'était notre
intérêt qu'il poursuivait ». Si les règles de la
justice ont été violées, on invoquera le patrio-
tisme qui prime la justice de sorte que les ministres, sûrs d'être excusés, auront tout pour les
pousser à l'inconduite, rien pour les retenir et
que la punition parlementaire égalera zéro. Enfin
l'Angleterre, puissante et forte, n'a nul intérêt à
employer la surprise clandestine qui est l'effet
de l'ambition injuste combinée avec la faiblesse.
Seuls, ajoute Bentham, les « brigands couron-
nés » en tireront avantage comme lors du vol de
la Silésie ou du partage de la Pologne. Ils ont le
butin et les places ; la nation, elle, pour tout
potage, paie les frais de la guerre. Et notre auteur s'efforce de prouver, d'une manière humoristique, que l'Angleterre n'a rien à gagner à de
nouvelles conquêtes. Mangera-t-elle ses captifs
suivant la coutume des nouveaux Zélandais ?

Non assurément. Les riches rançons du moyen âge sont également passées de mode et on ne réduit plus en servitude les habitants d'un pays, comme du temps des nations antiques. Sa situation géographique même lui interdit de s'emparer des terres contiguës aux siennes. Sera-ce pour donner plus d'extension à son commerce ? Elle ne l'augmentera pas d'un penny, possédât-elle le monde entier. Bien plus, ces conquêtes amèneront de nouveaux impôts qui diminueront d'autant le capital du commerçant et, logiquement, son commerce puisque ce dernier est limité par le capital que l'on a, quels que soient les débouchés qui vous appartiennent. Lors de la dernière guerre, la France obtint le droit d'entretenir des relations commerciales avec une partie de l'Amérique. Qu'y a-t-elle gagné ? Tobago, la banqueroute et une révolution pour cinquante millions. Et Bentham en conclut que l'Angleterre n'ayant rien à craindre de qui que ce soit, n'ayant rien à gagner à de nouvelles conquêtes, n'a nul besoin de couvrir ses délibérations et ses négociations du voile du secret. Sa publicité n'empêchera pas les autres nations de traiter avec elle. Ses ministres ne l'entraîneront plus dans des aventures sans issue. Les mensonges, les faux rapports seront évités, tout se faisant au grand jour.

XI

Et de nouveau Bentham s'élève avec véhémence contre la guerre. On considère, dit-il, une guerre heureuse comme une cause de richesse et de prospérité ; autant affirmer qu'avec une jambe de moins on marcherait plus rapidement. On objecte qu'elle est une cause indirecte de prospérité et de grandeur en faisant naître le respect et la crainte qui enfantent la sécurité. Or, rien n'est plus nécessaire à l'opulence que la sécurité. Bentham répond que si le respect est un mélange de crainte et d'estime, pour constituer l'estime, la force n'est pas l'instrument, mais la justice. Encore la crainte est-elle plus défavorable que favorable à la sécurité ; dès que ceux qui vous craignent se croient plus forts que vous, la peur les quitte ; en attendant ils vous haïssent et sournoisement vous font le plus de mal possible. Des deux côtés, on se prépare contre une agression, on s'épie, on se redoute, on s'espionne et s'il arrive qu'un ministre veuille la guerre, le conflit éclate. En réalité, le préjudice fait à une nation ne profite à aucune autre. Qu'espérez-vous gagner à une guerre ? Des avantages commerciaux ? On vient de prouver qu'ils sont illusoires. Des acquisitions

territoriales ? On a également prouvé qu'elles
valent moins que rien. Une grande opulence ?
Les mots « guerre et opulence » jurent de se trouver accouplés. Ce dernier fait songer de suite à la
splendeur, à la grandeur, à la gloire qui ne peuvent être produites par un succès sanglant et
inutile. Croyez-vous qu'après une guerre heureuse l'Angleterre se trouvera dans une meil-
leure situation parce que la France aura été
plus éprouvée qu'elle ? On la comparera à un
homme qui a une jambe coupée tandis que son
ennemi est au lit avec les deux jambes bri-
sées.

XII

Ici se termine le projet de Jérémie Bentham
qui parut — ô ironie — à la veille des guerres implacables de la Révolution et du premier Empire.
Maintenant il dort dans la poussière des bibliothèques tandis que les « pâles humains », per-
fectionnant chaque année leurs instruments de
mort et de destruction, continuent à se battre, à
s'exterminer. Quoi qu'il en soit, séparant le faux
et l'utile nous allons l'étudier plus à fond. Et de
ce travail nous tirerons profit, car aucune œuvre
n'est complètement stérile ; au souffle des années, le chimérique s'évanouit, le réel demeure.

Si la « paix perpétuelle est un mythe, l'arbitrage — trop peu souvent hélas ! — a réussi à régler pacifiquement des questions irritantes.

DEUXIÈME PARTIE

Examen critique du projet de Bentham

I

On a remarqué que Bentham, pour construire son projet, s'appuie sur son principe favori, celui de l'utilité. Pourquoi la guerre doit-elle être supprimée ? Parce qu'elle est nuisible pour les vainqueurs et pour les vaincus, de quelque façon qu'on l'envisage. Et, comme il se doute bien qu'on n'abandonnera pas ses colonies, une partie de son commerce et de ses flottes uniquement parce que ce sont des causes de guerre, il tente de prouver, qu'à un point de vue absolu, ces divers éléments n'augmentent ni la richesse, ni la puissance d'une nation, forment par conséquent un pesant et inutile fardeau que l'on devrait rejeter avec soulagement.

Nous allons examiner si les colonies, les traités de commerce, les forces navales sont réel-

lement une charge pour une nation, ne consti-
tuent pas au contraire sa grandeur et sa richesse
et si les causes de guerre ne résident pas ailleurs.
Nous étudierons ensuite l'organisation que préconise l'auteur anglais : désarmement, confédération, tribunal arbitral. Est-elle possible ? Et,
dans ce cas, amènerait-elle, vraiment l'âge d'or
de la paix tant désirée ? Nous terminerons cette
partie en nous demandant si la guerre n'a pas
sa raison d'être, son « utilité ».

II

On peut assurément dire beaucoup de mal et
beaucoup de bien des colonies. Bentham nous
a copieusement énuméré leurs inconvénients ;
avec lui, nous n'avons vu qu'une face de la
médaille, il est facile de démontrer que, surtout, à notre époque, les colonies, pour les
grandes nations européennes, sont absolument
nécessaires.

Depuis le commencement du siècle dernier,
un énorme mouvement industriel a décuplé le
travail des manufactures. Il faut à tout prix,
accroître les approvisionnements de matières
premières et créer des débouchés pour les produits. Les colonies ne répondent-elles pas à
ce double besoin en activant sur tous les points

du globe, les progrès de la culture, des échanges et des consommations ? La mèrepatrie envoie ses objets manufacturés dans les colonies qui, en retour, lui donnent leur excédent en denrées agricoles et en matières brutes. Son trop plein en population, en capital, en esprit d'entreprise, trouve, par la colonisation, un écoulement avantageux. Ses nationaux vont porter, au loin, son nom, sa langue, ses coutumes et, comme l'histoire l'atteste, agrandissent son influence. En même temps sa richesse s'accroît. Ses objets manufacturés sont vendus à un plus haut prix qu'ils ne le seraient chez elle et en Europe. Grâce aux bénéfices ainsi acquis et aux débouchés qu'ils sont sûrs de trouver, ses industriels peuvent construire de nouvelles usines, augmenter leur personnel et le mieux rémunérer. D'autre part, beaucoup de ceux qui ont fait fortune dans les colonies reviennent dans la métropole, avec leurs capitaux ou tout au moins pour y dépenser leurs revenus. D'ailleurs, la richesse et la force d'un pays ne résident-elles pas dans sa population disponible et dans son produit net ? Or, prenons la France, avant la Révolution : à l'époque où Bentham écrivait son « Projet » et nous voyons que ses colonies lui rapportaient un revenu de 218.000.000. Les frais s'élevaient à 78.00.000. Reste un produit net de 140.000.000.

Cette somme formait le douzième du produit net de la France (1). Ces chiffres sont-ils assez éloquents ? Par conséquent les colonies ne sont pas un lourd fardeau et il est faux de dire, comme Bentham, qu'en les perdant on perdra également tout ce qu'elles nous auront coûté ; au bout de quelque temps et, sous de multiples formes, elles vous auront remboursé en grande partie — sinon toutes — les dépenses occasionnées par elles. Et il est évident que l'Europe leur doit le développement de son commerce, de son industrie etl'accroissements de ses bénéfices(2).

III

Une des conséquences du commerce qui s'établit entre la mère patrie et ses colonies est l'augmentation parfois prodigieuse de sa marine

1. Ganilh, p. 302, tome II.

2. On a beaucoup critiqué l'ancien monopole des produits coloniaux. Il nous semble que c'est à tort. Il ne nuisait pas à l'Europe parce qu'un monopole exercé par beaucoup de peuples est une chimère. Or avant la Révolution le commerce des produits coloniaux était commun à la France, à l'Angleterre, à l'Espagne, à la Hollande, à la Suède, au Danemark. Ce monopole ne nuisait pas aux colonies. N'était-il pas un mode de contribution moins onéreux que ceux auxquels on eût pu les soumettre ? Et il était utile aux peuples possesseurs de colonies qui vendaient leurs produits à bon prix et achetaient bon marché les denrées coloniales.

marchande. Ne faut-il pas de nombreux vaisseaux pour transporter les marchandises, les émigrants, les voyageurs ? De puissantes compagnies de navigation se forment auxquelles a souvent recours le commerce étranger. Et une nouvelle source de richesses en résulte, qui n'est pas à dédaigner. Fatalement la marine militaire de l'état devient forte et redoutable. Il faut bien protéger sur mer les intérêts des nationaux et défendre, en cas de besoin, les colonies. Une portion des revenus, que le budget tire du commerce maritime, sert à la création et à l'entretien de navires de guerre, tandis que les matelots de la flotte marchande qui ont roulé sur tous les océans, subi de terribles tempêtes et parfois connu les épouvantes des naufrages font, quand il le faut, d'excellents marins de combat.

IV

Mieux encore que les autres peuples, l'Angleterre sut organiser ses colonies sur des bases sérieuses. Chez elle le mouvement colonial ne fut pas déterminé, par le désir de l'or ou des conquêtes, l'esprit d'aventure et de trafic, mais par une nécessité plus pressante qui résulta de la situation économique. Ceux qui partirent d'Angleterre, pour aller se fixer dans les pays lointains, ne furent pas des aventuriers, comme en Espagne ou en Portugal, ni des commis, des marchands ou des facteurs, comme en Hollande, mais des artisans et des agriculteurs. Sous le règne d'Elisabeth se produisit un grand bouleversement économique. Le labourage ayant été sacrifié au pâturage, beaucoup de cultivateurs sans travail quittèrent leur pays et, tandis que les Espagnols cherchaient partout l'Eldorado de leur rêve, les Anglais, plus pratiques, cherchaient, eux, des terres à cultiver, des débouchés nouveaux, un écoulement pour la population, c'est pourquoi si la Grande-Bretagne ne recueillit pas de suite une moisson d'or et de haut prix, elle fonda ses colonies sur la seule base vraie et durable de prospérité et de grandeur, l'appropriation du sol par les colons européens et le défrichement des terres incultes. Ses nationaux se firent en outre remarquer par un heureux esprit d'initiative individuelle, des mœurs de travail et d'économie, un sens éminemment pratique et sagement progressif. Ses colonies étaient véritablement des portions d'elle-même. On sait toute la puissance et toute la richesse qu'elles lui donnèrent.

Maintenant supposons que, se conformant au conseil de Bentham, l'Angleterre ait, à la fin du dix-huitième siècle, abandonné ses colonies et ses flottes. Que serait-il advenu, quelques années plus tard lorsque parut Napoléon qui faillit réaliser le vieux rêve de domination universelle des César et des Alexandre ? De son camp de Boulogne, trouvant la route libre, l'Empereur se jetait sur les Iles Britanniques qu'il soumettait et réduisait en province française. Dès lors à son tour, maître de la mer, ne rencontrant plus les agiles et redoutables flottes anglaises, il eut été invincible. Les choses se passèrent autrement. Ses soldats qui avaient franchi les Alpes, cheminé victorieusement sur les grandes routes d'Europe, ne purent jamais traverser un bras de mer de huit lieues de large. Ah ! cela fait c'était la victoire, le triomphe, mais fallait-il le faire. En réalité Napoléon n'eut pas un seul jour la liberté des mers, aussi sa fortune finit-elle par crouler, cependant que l'Angleterre, de ses colonies, tirait ces inépuisables ressources qui lui permirent de lutter jusqu'au bout et de subventionner les autres peuples, dans la lutte gigantesque entreprise contre l'aventurier corse ; grâce à sa flotte elle a enfermé Napoléon dans le Continent, elle a soulevé, ravitaillé l'Espagne « ce chancre qui m'a tué », a dit l'Empereur, porté son argent, jeté ses soldats là où il était nécessaire et, finalement, dans les champs de Waterloo, gagnant la partie suprême, écrasé le César moderne.

Bentham dut comprendre que, parmi les causes de guerre, la rage de conquérir tenait la place principale et qu'elle n'était pas « éteinte ». Il est fort probable que sa thèse de l'abandon des colonies lui fut inspirée par les guerres malheureuses d'Amérique, la perte d'une énorme partie du domaine colonial anglais. Néanmoins la politique britannique ne se laissa pas décourager. Elle continua dans la voie primitivement tracée. Et aujourd'hui encore ses colonies et ses flottes assurent à l'Angleterre une situation prépondérante.

V

Prétendre, qu'en temps de guerre, les colonies sont un lourd fardeau pour la métropole, qu'elles ne sont pas assez fortes pour se défendre est absurde. Les provinces frontières d'une nation se trouvent dans le même cas. En paix et en guerre, ces provinces ne suffisent pas à leur conservation. On ne les regarde pourtant pas comme inutiles à la défense d'un pays, ni comme une charge pour lui ; chaque province du même empire a ses avantages et ses inconvénients et, de la balance des uns et des

autres, résultent sa force ou sa faiblesse, la grandeur ou la médiocrité de sa puissance.

VI

Non seulement les colonies sont pour une
nation, un gage de force et de richesses, mais,
en nous plaçant sur le terrain des intérêts supérieurs de l'humanité, nous ajouterons qu'elles
ont été utiles à la civilisation. Dans l'antiquité,
les colonies de la Grèce firent fleurir l'industrie
et le commerce partout où elles s'établirent. De
même, les Phéniciens, en créant des villes sur
les rivages lointains, initièrent bien des peuplades barbares à leurs connaissances, à leurs découvertes et les rendirent moins féroces, plus
policées. Ainsi ont agi les Européens; ils ont
fait profiter les peuples conquis, des merveilleux
progrès réalisés par eux dans les arts et dans
les sciences. Ils leur ont apporté plus de bien-
être, un idéal plus élevé. Des terres incultes,
telles que les vastes solitudes d'Amérique, ont
été défrichées et peuplées. Comme sous la ba-
guette d'un enchanteur, de riches cités se sont
élevées et le tumulte de la vie a retenti là où on
n'entendait que la clameur des flots et le cri des
oiseaux de proie.

Plus tard, ce sont les capitaux des métropoles

qui ont fécondé les entreprises des colonies, favorisé la circulation des produits de leur travail et de leur industrie. Et enfin, comme le dit si justement J.-B. Say, l'Europe a été en outre pour tous ces pays lointains « *magna virum* « *mater*, la mère féconde des hommes capables « d'exécuter d'aussi grandes entreprises et de « jeter les fondements d'aussi grands empires... « Les colonies doivent à la politique de l'Europe « l'éducation et les grandes vues des génies « actifs qui en ont été les fondateurs, quelques- « unes même de celles qui sont les plus impor- « tantes ne lui doivent guère autre chose relati- « vement à leur administration intérieure ».

VII

Les colonies augmentent-elles d'une façon vraiment redoutable, les risques de guerre. Oui, assure Bentham, elles excitent forcément les convoitises de vos voisins, de vos ennemis qui tenteront de vous les ravir ; abandonnez-les, bien des guerres seront évitées.

Ce raisonnement est un peu naïf. C'est comme si l'on disait à un homme riche : « Vous avez beaucoup d'argent ; avez-vous réfléchi qu'on peut vous le prendre, par la ruse ou par la force. Abandonnez-le et vous supprimerez les risques de vol. » Dans ces conditions, pourquoi ne pas ajouter que le territoire continental d'une nation peut également exciter les convoitises de ses voisins? On saisit tout l'absurde de ce raisonnement.

Ce qu'il y a de sûr, c'est que les nations, comme les individus, ont la rage de posséder, l'amour ardent de la terre et des biens de la terre, de la puissance et de la grandeur. Bentham pose mal la question. Ce ne sont pas les colonies qu'il faut abandonner. Les colonies ne sont pas une cause, mais un effet. Otez aux peuples et aux souverains l'amour de la propriété, ce désir aigu d'amasser toujours, de plus en plus — le même qui travaille également l'avare courbé sur ses sacs d'écus — les colonies seront émancipées et une grande cause de guerre aura vécu. Supposons que, dans une heure de folie, les peuples abandonnent leurs colonies. La passion qui les a créées subsistant, rien ne sera changé et la cause de la paix perpétuelle n'aura pas avancé. Le lendemain, la fièvre passée, et toutes les fièvres, toutes les excitations passent, les uns regretteront l'acte accompli et chercheront à l'annuler, tandis que les autres, ceux qui, la veille, étaient le moins bien partagés, songeront à se tailler, pour l'avenir, une part plus grande et plus riche.

Briout   4

VIII

Nous allons maintenant étudier une question qui se rattache à la précédente. Nous avons vu que les colonies développent le commerce dans de notables proportions. Or Bentham place l'agriculture au premier rang, et c'est un des arguments dont il se sert pour convier à l'abandon des colonies. Une nation, dit-il, dispose d'un certain nombre de capitaux. Si elle en emploie la plus grande partie dans le commerce, elle en mettra moins dans l'agriculture qui en pâtira, ce qui ne doit pas être.

D'abord, pourquoi tant prôner l'agriculture ? On pourrait répondre que le désir d'un continuel accroissement de biens moraux et matériels, l'émulation et l'amour de la liberté caractérisent les pays manufacturiers et commerçants, tandis que les pays, où règne une agriculture rudimentaire, c'est-à-dire isolée du commerce et de l'industrie, évoquent la paresse d'esprit, la lourdeur de corps, l'attachement à de vieilles habitudes, à de vieux usages, le défaut d'éducation, de bien-être, de liberté.

Les agriculteurs vivent dispersés sur la surface du pays, n'entretiennent les uns avec les autres que des rapports éloignés, l'un fait à peu près ce que fait l'autre et leur production est la même, chacun est le meilleur consommateur de ses produits. Accoutumés à ne récolter, là où ils ont semé, qu'après un long intervalle et à s'en remettre à la volonté d'une puissance supérieure du succès de leurs efforts, la patience, la résignation, — et aussi la nonchalance d'esprit deviennent, pour eux, une seconde nature. Leurs occupations, les tenant éloignés du commerce des hommes, n'exigent d'eux que peu d'efforts intellectuels et qu'une médiocre dextérité (1). Bref, sous ce régime, la propriété se transmet — de même que la misère — de génération en génération.

Mais comme ici-bas tout se tient, que les sciences, les arts, les travaux de tous genres sont solidaires les uns des autres et profitent réciproquement de leurs découvertes, l'agriculture perfectionnée ne peut exister que grâce au progrès ; il a fallu que les arts et les sciences lui vinssent en aide ; lui fournissent des instruments de plus en plus perfectionnés, des engrais chimiques ; lui facilitent le défrichement du sol, la culture de la terre, la récolte et la conservation de ses fruits, sous un gouvernement

1. *Système national d'économie politique*, Frédéric List, traduit par Henri Richelot, p. 305.

garantissant la sûreté de l'agriculture et la liberté
de ses travaux ; elle est surtout redevable
aux savantes combinaisons du commerce qui,
par l'échange de l'excédent des produits du sol,
« contre les objets de ses besoins, de ses commo-
dités, de ses jouissances » (1), lui a procuré les
grandes avances qui lui sont nécessaires et « lui
a ouvert la carrière illimitée de l'espérance et
de l'ambition » (2). Ainsi le commerce est utile
non seulement à l'industriel qu'il pourvoit de
matières premières et dont il emporte les produits manufacturés ; au consommateur, en mettant à sa portée les objets qu'il désire, mais à
l'agriculteur à qui il ouvre des débouchés pour
ses denrées qui pourriraient sur place, sans profit
pour les autres et pour lui-même. Dans l'histoire
et dans les voyages, on ne trouve aucun peuple
aborigène qui ait été agricole. Tous ont été chas-
seurs, icthyophages ou pasteurs. Les peuples
agricoles ne sont qu'un dérivé de ces peuples
primitifs. Cela dit, comment Bentham peut-il
croire que l'agriculture, qui ne s'est élevée
qu'avec la surabondance des produits naturels
et avec le secours des arts, de la civilisation et
surtout du commerce, soit seule utile, seule

1. *La théorie de l'économie politique.* par M. Ch. Ganilh, 1815,
Deterville, libraire, tome I, p. 261.
2. *Ibidem.*

féconde et « mieux dire, l'unique trésor où les hommes ont puisé et puisent encore leurs richesses ? » (1) La vérité est que les produits agricoles ne reçoivent leur plus grande valeur que des manufactures et que du commerce. N'est-ce pas créer que donner une valeur de cent à une chose dont la valeur primitive était un ?

En conséquence, l'agriculture souffrira si l'on porte atteinte au commerce et l'on y portera atteinte, en abandonnant les colonies, en ne concluant plus de traités commerciaux, en abolissant les primes et les taxes utiles et même nécessaires, en certaines occasions. Pourtant, objecte Bentham, le commerce que vous ferez dépendra du capital que vous possédez. Dans ces conditions, que vous importent tous les débouchés possibles et imaginables ?... On répond que, grâce aux débouchés fournis par les colonies et les traités, les objets manufacturés et l'excédent des produits du sol de la mère patrie s'écoulent rapidement et à bon prix, de telle sorte que les usines, les manufactures, réalisent des gains inespérés, accroissent leurs richesses et qu'un énorme déplacement de capitaux s'opère en faveur de ce pays.

1. M. Ch. Ganilh, *op. cit.*, tome I, p. 262.

IX

Ainsi s'explique la richesse démesurée des peuples commerçants, anciens et modernes, qui drainaient, chez eux, les capitaux du monde. D'où les Phéniciens ont-ils tiré leur formidable puissance, si ce n'est de leur commerce? Marins habiles, se hasardant sur les mers inconnues, ils avaient en réalité accaparé le commerce antique. Aussi personne n'ignore quelle fut la fortune légendaire de ces villes qui se nommèrent Sidon, Tyr et Carthage.

Bien plus tard, les manufactures et le commerce avec l'étranger enrichirent Venise, Gênes, Pise et Florence et la puissance de ces cités, durant les siècles troublés du moyen âge, donna à l'Italie une importance et un éclat qui rappelaient son antique gloire ; puis la Flandre et les villes hanséatiques se livrent aux travaux des manufactures et du commerce avec l'étranger et montent, à leur tour, au premier rang. De hardis navigateurs découvrent un nouveau monde et un passage aux grandes Indes par le cap de Bonne-Espérance. Aussitôt le commerce et les manufactures de l'Europe s'agrandissent. L'Espagne et le Portugal, qui s'en approprient la plus grande partie, deviennent des peuples riches et leurs richesses, quoique éphémères, leur assurent la prépondérance politique. Mais la Hollande, qui parvient à conquérir une large portion des domaines de l'Espagne, aux Indes et en Amérique, donne, à l'Europe étonnée, le spectacle de l'immensité des richesses que peuvent dispenser l'industrie et le commerce, aux peuples industrieux et commerçants, et l'étendue de la puissance que le commerce accorde aux peuples riches. On vit des provinces pauvres et misérables, sans territoires, avec une population d'environ deux millions d'individus, s'élever au faîte des richesses et exercer, dans les relations des peuples et des souverains, une influence nouvelle et inattendue. Après, c'est au tour de la France de monter au pinacle, ses manufactures s'augmentent, son commerce s'étend et nous avons la redoutable France de Louis XIV. Enfin l'Angleterre réussit à fonder un formidable empire colonial. De suite, son commerce prend de très grandes proportions, ses manufactures travaillent pour toutes les parties du monde et ses richesses lui permettent, comme nous l'avons montré, de lutter contre Napoléon.

X

Par conséquent, avec les colonies, les traités de commerce, ouvrant de nouveaux débouchés ou procurant certains avantages au commerce national, sont utiles. De même, les taxes et les primes. Les premières, protégeant contre l'afflux des produits similaires étrangers les industries nationales, les empêchent de péricliter et de périr ; car il faut bien se pénétrer de cette idée qu'un pays, renonçant à ses manufactures, livrant ainsi à ses rivaux ses matières premières, salariant leurs ouvriers, payant leurs capitalistes, transporte, en quelque sorte, ses manufactures à l'étranger dont il favorise le progrès, la richesse et la puissance. De leur côté, les primes et les gratifications créent une heureuse émulation ; elles ne sont jamais assez considérables pour détourner, vers aucune des branches de l'industrie ou du commerce, une partie de capital beaucoup plus supérieure à celle qu'y porterait le cours naturel des choses, mais elles sont utiles pour soutenir un commerce qui éprouve des difficultés et le faire triompher des obstacles temporaires que lui opposent les habitudes, les préjugés ou une concurrence qui sera facilement vaincue.

XI

L'agriculture n'est donc pas seule utile, mais le commerce qui attire les capitaux étrangers est un des éléments principaux de la richesse et de la force des nations, par conséquent, devra être maintenu tout ce qui tend à l'augmenter, c'est-à-dire : les colonies (examinées sous ce nouveau rapport), les flottes, les traités commerciaux, les taxes et les primes (quand le besoin s'en fait sentir). De plus, on peut démontrer que le commerce a, lui aussi, été utile à l'humanité et à la grande cause de la paix. Les idées circulent avec les ballots de marchandises et propagent la civilisation. Dans l'antiquité, où les communications étaient si difficiles, les livres si rares, c'était, par le commerce, que se pénétraient les peuples. Au lieu de se traiter perpétuellement en ennemis, ils entraient en relations, apprenaient à se mieux connaître, à savoir qu'au delà de leurs frontières, loin, le long des côtes de la mer, existaient d'autres peuples chez qui leurs marchands, leurs marins, leurs voyageurs étaient reçus à cœur ouvert et, au besoin, trouvaient aide et protection. Ainsi se créaient les liens fameux de l'hospitalité, tandis que s'apaisaient les haines antiques et que des traités souvent durables étaient conclus.

Ces résultats se produisaient surtout, dans les grandes villes qui accaparaient le commerce du monde, comme Babylone (1), Tyr, etc., où se rencontraient des marchands, des marins d'innombrables nations. A ce continuel frottement de peuples, beaucoup de préjugés s'évanouissaient et la dure maxime, que l'étranger était un ennemi, perdait fatalement de sa force. Des coutumes diverses voisinaient et se mêlaient. Chacun parlait de son pays, de ses dieux, de ses héros, de ses légendes, vantait la fertilité de son sol, l'abondance de ses produits, la richesse de ses mines et, plus tard, une fois de retour chez eux, bien des marchands songeaient à ces contrées inconnues et, souvent, tentés par l'appât du gain, finissaient par s'y acheminer, sûrs qu'ils étaient d'y rencontrer des amis, des « hôtes ».

Le commerce est le signe certain d'une civilisation avancée. Le sauvage prend ses flèches et sa lance et va piller la tribu voisine qu'il dépouille de ses bestiaux, de ses moissons et de son or. Ainsi agissaient les Romains du temps de Romulus. S'il habite les côtes de la mer il fait comme le Grec des âges primitifs et se livre à la piraterie, attaque et capture les navires qu'il

1. Heeren, *De la politique et du commerce de l'antiquité*, t. II, p. 227.

rencontre. Le marchand, lui, s'avance portant à la main le rameau d'olivier, emblème de la paix.

« La guerre et le commerce, remarque Benjamin Constant, ne sont que deux moyens différents d'arriver au même but, celui de posséder ce que l'on désire ; le commerce n'est autre chose qu'un hommage rendu à la force du possesseur par l'aspirant à la possession. C'est une tentative pour obtenir, de gré à gré, ce qu'on n'espère plus conquérir par la violence. Un homme qui serait toujours le plus fort n'aurait jamais l'idée du commerce, c'est l'expérience qui en prouvant que la guerre, c'est-à-dire l'emploi de la force contre la force d'autrui, est exposée à diverses chances et à divers échecs le porte à recourir au commerce, c'est-à-dire à un moyen plus doux et plus sûr d'engager l'intérêt des autres à consentir à ce qui convient à son intérêt. La guerre est donc antérieure au commerce. L'une est l'impulsion naturelle, l'autre le calcul civilisé. Il est clair que plus domine la tendance commerciale, plus la tendance guerrière doit s'affaiblir ».

En prônant exagérément l'agriculture au détriment du commerce, notre auteur va donc contre sa thèse de paix et de concorde (1).

1. D'ailleurs le penchant au troc, à l'échange, c'est-à-dire au

XII

Dans son ostracisme, Bentham comprend les traités d'alliance offensive ou défensive. Certes, il est arrivé que plusieurs puissances se sont parfois entendues de cette sorte pour en attaquer et vaincre plus sûrement une autre. Au dix-huitième siècle, par exemple, on a vu trois souverains, d'un commun accord, vaincre la Pologne et s'en partager les dépouilles. Mais souvent ces alliances ont maintenu la paix, en rétablissant l'équilibre, au profit du plus faible. On peut citer la ligue des neutres mentionnée par Bentham et à notre époque, la Triplice et l'alliance franco-russe n'ont-elles pas, en se faisant contrepoids, conservé la paix européenne ?

XIII

En résumé, Bentham espère, qu'en supprimant les causes de guerre qui s'appellent les colonies, les traités de commerce, etc., il n'en

commerce est inné chez l'homme. Bentham assure que si les produits de l'agriculture augmentaient, les paysans moins tracassés par l'idée du lendemain, n'hésiteraient pas à se marier et à fonder une nombreuse famille, nous croyons plutôt qu'ils songeraient à vendre ou échanger leurs produits pour multiplier leurs jouissances et non leur espèce.

surgira plus de nouvelles et qu'on fera un pas immense vers la paix. Encore une fois, il s'abuse, et, comme il a déjà été dit, il déplace la question. Les causes de guerre ne sont pas objectives, mais subjectives. Elles se trouvent dans le cœur de l'homme, là où s'agitent ses vices, ses passions, ses ardeurs ; ce qu'il considère comme des causes ne sont que des motifs et, tant que l'homme sera tel qu'il est, la guerre existera. On voit combien il se trompe lorsque, démontrant que les « causes » de guerre qui étaient autrefois et qui dérivaient, par exemple, du système féodal, etc., ne sont plus, il affirme, qu'en supprimant celles d'aujourd'hui, la guerre ne pourrait plus entrer dans le monde. Chaque époque apparaît avec ses idées, ses mœurs, ses querelles. Qui en est cause ? L'homme remuant, belliqueux, passionné, « ondoyant et divers ». La guerre est donc inhérente à la nature humaine. Elle n'a besoin que de l'impulsion de ses vices pour étendre ses calamités sur les peuples. Hors de cette cause, il n'y a plus que des « motifs » et tous sont indifférents. Hier, on bataillait pour ses idées religieuses, demain on le fera par haine de races, toujours on trouvera un prétexte.

Sans les colonies et les rivalités commerciales l'Europe n'aurait pas été plus pacifique ; seulement le champ de bataille eût été plus près de nous ; au lieu de se battre, pour le commerce du monde, sur les océans éloignés, on aurait lutté dans la Baltique, la Méditerranée ou la partie de l'océan voisine de nos côtes, pour des motifs moins honorables. La guerre est un fléau dont ne sont pas plus exempts les peuples sans colonies que les peuples à colonies, les peuples riches que les peuples pauvres, les peuples sauvages que les peuples civilisés. S'il était permis d'y voir un terme, ce ne pourrait être que grâce aux progrès de la civilisation et de la richesse. Ganilh ajoute même dans un élan d'optimisme exagéré : « J'ose dire, dût-on m'accuser de paradoxe, que les guerres de commerce, en tournant l'attention des peuples vers les intérêts de la prospérité et de la richesse, en ont préparé la fin, que l'on peut se flatter que, dans cette ligne où tout est positif et susceptible de calcul, les guerres de l'Europe pourront être facilement prévenues ou promptement terminées et que, sous ce nouveau rapport, les colonies modernes seraient un nouveau bienfait pour l'Europe et pour l'humanité » (1).

1. Ganilh, *op. cit.*, t. II, p. 322.

XIV

Bentham, après avoir supprimé ce qu'il considère comme les causes principales de la guerre, a compris que les peuples ne pouvaient pas demeurer isolés, qu'il fallait une organisation quelconque, avec une autorité supérieure qui écarterait les conflits et veillerait au maintien de la paix. Son organisation se résume dans ces mots : désarmement, confédération, tribunal arbitral. La guerre serait-elle, de cette manière, vraiment conjurée ou Bentham, ici comme ailleurs, ne s'abuse-t-il pas ? C'est ce que nous allons étudier.

Nous ferons remarquer que, sur ce sujet, Bentham est très bref. Tout ce qui ne touche pas à l'économie politique attire à peine son attention. En quelques lignes, il établit ses propositions, sans chercher à les étayer par des arguments. Il n'entre dans aucun détail et il est loin d'être aussi minutieux, aussi complet que l'abbé de Saint-Pierre qui, lui, voulait tout prévoir.

XV

Au xviiie siècle Montesquieu écrivait déjà : « Une maladie nouvelle s'est répandue en Europe. Elle a saisi nos princes et leur a fait entretenir un nombre désordonné de troupes. Elle a ses redoublements et elle devient nécessairement contagieuse, car aussitôt qu'un Etat augmente ce qu'il appelle ses troupes, les autres, soudain, augmentent les leurs de façon qu'on ne gagne rien par là que la ruine commune » (1). Et Raynal prophétisait : « Cette manie perdra tôt ou tard l'Europe » (2). On comprend donc que Bentham ait pu être frappé des terribles conséquences de cette « manie » et qu'il ait inscrit dans son programme le mot qui a tant fait couler d'encre : « Désarmement ». Depuis cette époque le fléau a pris, de plus en plus, d'énormes proportions. Aujourd'hui il n'est pas une nation qui ne porte une charge militaire supérieure à ses forces ; on lève des milliers d'hommes, on construit des casernes, on achète des fusils, des canons, des munitions; les ressources s'épuisent, les budgets enflent et la sécurité ne renaît pas. Aussi les critiques pleuvent dru « sur ce système d'armement à outrance qui ne produit que la défiance », tandis que « chaque Etat sans cesse inquiet de ses intérêts vitaux se garde bien de toute entreprise d'intérêt général qui

1. Montesquieu cité dans *Anathème à la guerre*, 2ᵉ édit., p. 24.
2. Raynal, cité dans *Anathème à la guerre*, p. 30.

pourrait l'affaiblir et laisse froidement s'accomplir, sous ses yeux, les pires forfaits, heureux de n'en être pas victime » (1).

Ces critiques semblent justifiées. On a calculé que le total des charges militaires de l'Europe, pendant une période de dix ans, constitue une dépense improductive de quarante milliards. En même temps il ne faut pas oublier que ces armées, sans cesse en présence, sont une menace terrible pour la paix. On les a très justement comparées au paratonnerre attirant la foudre. Pratiquement, peut-on s'en passer ? Peut-on, seulement, sans s'exposer à de graves risques de défaite, les réduire dans une certaine proportion et, dans ce cas, comment établir cette proportion ? La question est ardue. Bentham en reconnaît les difficultés. S'il n'existait que deux puissances, dit-il, le problème ne serait pas si dur. Le malheur est qu'il y en a plusieurs.

Si vous étiez seule, je concluerais volontiers avec vous un traité de désarmement, dira la France à l'Angleterre, mais je dois songer à me défendre contre la Prusse, la Turquie, la Russie... Existe-t-il une solution pacifique satisfaisant tout le monde ? Bentham l'a-t-il trouvée ?

1. *Revue de droit international*, t. V, p. 198.

XVI

Hélas non! L'auteur anglais reste dans le vague. Il pose la question sans la résoudre. Il parle bien de réduction et de fixation de la force armée de chaque puissance européenne. Il dit que des traités généraux et perpétuels peuvent être conclus, limitant le nombre des troupes. Plus loin, il charge son Congrès d'examiner, dans chaque État, la question du désarmement et de s'entendre, avant la signature du traité, avec l'État intéressé sur la manière dont seraient réduits les effectifs. Et c'est tout. Il n'a pas abordé les difficultés qui sont nombreuses.

Un pays est fort non seulement par ses troupes, ses canons — en un mot sa capacité belligérante de fait, mais par ses réserves, son trésor de guerre, ses routes, la richesse de ses habitants — et même sa situation géographique. Naturellement, dans un projet de réduction, il est impossible de faire entrer en ligne de compte tous ces facteurs. Ce serait un véritable casse tête chinois. Alors quelle base sérieuse adopter? La population. Comment sera-t-on sûr de l'exactitude des recensements fournis? De quelle manière découvrir la fraude? Quel moyen de surveillance emploiera-t-on qui, sans être vexatoire ni mettre le feu aux poudres, garantira les États contractants contre la mauvaise foi d'une puissance portée à accroître son armée permanente, au delà des limites requises ? Regardant l'argent comme le nerf de la guerre, dira-t-on aux puissances de réduire, par exemple, de 25 ou de 50 0/0 leur budget de la guerre ? Les risques de conflagration internationale seront-ils amoindris par la limitation de la matière combustible (l'argent) dans chaque communauté ? Nous ne le croyons pas. La porte resterait toujours, grande ouverte, à la fraude et bien des gouvernements détourneraient, dans le but de s'armer, une partie de leurs revenus.

Bref, d'une manière générale, toute réduction des moyens de défense basée sur l'étendue du territoire et des côtes, sur la population, la situation géographique, les rapports de frontières ne peut être mise en œuvre qu'au moyen d'un appareil de contrôle « si artificiel que, comparé à celui-ci, le problème de la direction des ballons paraît un simple jeu d'enfants. Mais ici également toute tentative de maintien forcé de l'État institué par convention internationale est menacée d'échouer contre les récifs aigus de l'idée de souveraineté » (1).

1. *Revue de droit international*, 1898, opinion de M. Staerk p. 702. M. d'Estournelles de Constant, président du groupe

En admettant même qu'on réussisse à établir la proportionnalité rêvée, le lendemain elle serait rompue. Ici bas tout est instable. Une nation croît, l'autre baisse. C'est la vie.

Alors quoi ! La solution merveilleuse n'est pas trouvée ? Assurément pas par Bentham. Il ne suffit pas de dire « qu'un peuple qui proposerait de réduire sa force armée se couvrirait d'une gloire immortelle ». Encore faut-il s'entendre sur le mode de désarmement et le fixer d'une façon certaine. Le Tzar l'a faite, cette proposition. Sommes-nous plus avancés ? — Hélas !

Notre auteur, après avoir posé le problème et scruté l'horizon, rentre au port.

XVII

Il est vrai qu'il vante, d'une manière tantôt implicite, tantôt explicite, la confiance qui devrait exister entre les nations. Compte-t-il sur elle

parlementaire de l'arbitrage international reconnaît que le désarmement est presque impossible. Nul parmi nous ne conteste, avoue-t-il, qu'il faudra du temps pour que les Etats arrivent, non pas même au désarmement simultané, mais simplement à s'entendre pour ne plus augmenter leurs charges militaires. *La conciliation internationale* (La Flèche, Charier-Beulay), p. 47.

pour arriver au désarmement? Nous entrons dans le chimérique.

Si son pays reste sourd à sa voix, son rêve serait de voir la France commencer, mettre son projet en pratique, car le gain serait certain, le risque nul. Plus de colonies, plus de flottes, l'Angleterre ne saurait où l'attaquer; jamais le parlement n'autoriserait une conquête de territoire. Ce raisonnement confond. Il n'empêche que, depuis Bentham, la Grande-Bretagne a pris et gardé Malte, s'est implantée en Egypte et partout où elle a pu. Ainsi réduite, amputée, qu'aurait fait la France contre les attaques de ses autres voisines? Non, on ne se lance pas de gaîté de cœur dans une pareille aventure et il faut toute la naïveté de l'économiste anglais pour la proposer comme profitable et exempte de dangers.

XVIII

Pourtant Bentham croit la réduction de la flotte plus aisée. Il suppose que les flottes réunies de plusieurs puissances européennes balancent celles de l'Angleterre. Cela admis, la réduction s'opérerait, proportionnellement (1).

1. Cette proportion serait à l'avantage de l'Angleterre puisque Bentham dit que l'on accorderait aux autres puissances

Mais ici les difficultés énumérées précédemment surgissent de nouveau. L'Angleterre est forte, et par sa marine, et aussi par sa situation géographique, ses richesses, son commerce, facteurs importants en cas de guerre. Enfin nous répéterons : comment prévenir la fraude ?

XIX

Le désarmement est donc un des plus difficiles problèmes qui existent; lors même qu'il se réaliserait, Bentham ne s'illusionne-t-il pas en croyant prévenir par lui les horreurs de la guerre ? Le cadre de l'organisation actuelle, étant maintenu, qu'arrivera-t-il en cas d'hostilité ? On y fera entrer les forces vives de la nation en hommes, en argent, en ressources de toutes sortes. Il se passera ce que l'on a vu aux Etats-Unis, où la guerre de Sécession ne trouvant rien de prêt, au point de vue militaire, n'en a pas moins provoqué une terrible consommation de richesses et de vies humaines. Peut-être même n'est-il pas exagéré de croire, qu'en cas

réunies une flotte égale à la moitié de la flotte anglaise ou au plus? Ce compromis qui laisserait à la Grande-Bretagne l'empire de la mer serait il accepté par tout le monde? Bentham n'est-il pas en contradiction avec lui-même ?

de préparation insuffisante, pendant la paix, les massacres, les épidémies, les dépenses n'en seraient que plus grands pendant la guerre. La Suisse, pour ne citer qu'elle, avec une armée permanente peu nombreuse, a néanmoins une organisation militaire assez forte. Supposons ce pays envahi, sa neutralité violée, la nation se lèvera en masse, entrera dans les cadres tout prêts. Ce sera la nation armée. Le désarmement ne conduit donc pas à la paix perpétuelle.

XX

Enfin en ne réduisant que les forces des Etats européens, suivant la formule du jurisconsulte anglais ne commettrait-on pas une véritable folie? L'Europe n'est pas isolée sur le globe et la suprématie qu'elle a si longtemps gardée commençait déjà, avec la guerre de l'indépendance américaine, à lui échapper, à la fin du dix-huitième siècle. Elle a civilisé des nations barbares, peuplé des territoires sauvages, porté dans tous les continents, dans les îles les plus lointaines, les résultats de ses arts et de ses sciences. Les autres races ont profité de ses découvertes, se sont armées comme elles et maintenant se dressent, en rivales. Notre époque ne montre-t-elle pas que l'astre de la vieille Europe commence à s'obscurcir? L'Espagne, l'antique pays des grands aventuriers, des découvreurs de mondes a été vaincue par les Etats-Unis et a perdu le dernier lambeau de son immense domaine colonial. Les Italiens ont été écrasés par les nomades d'Abyssinie, instruits et armés à l'européenne. L'Angleterre n'a pu venir à bout des paysans du Transvaal que grâce à des sacrifices inouïs, et aujourd'hui la Russie a trouvé dans le Japon un adversaire imprévu. Dans un laps de temps relativement court, ce pays s'est assimilé toute la science européenne, a construit des flottes, des arsenaux, fondu des canons et, formidable champior des intérêts asiatiques, tente, après des siècles, de regagner la partie jadis perdue par les Perses à Marathon et à Salamine, qui donna à la Grèce et par suite à l'Europe une suprématie incontestée, durant d'innombrables années.

Pour nous résumer, le désarmement préconisé par Bentham est pratiquement impossible, il n'éteindrait pas le risque de guerre et il serait pour l'Europe, lourd de dangers.

XXI

Un désarmement réel et sérieux suppose un système organisé d'Etats, une confédération qui ait ses lois, ses chefs veillant au maintien des conventions signées. Bentham le reconnaît. Comment s'établirait cette confédération ? Est-elle possible? Notre auteur est sobre de détails. Chaque État serait représenté, dit-il, au congrès par un certain nombre de députés ; puis il remarque qu'on est venu à bout de projets plus difficiles. Il cite la neutralité armée. Il invoque les confédérations américaine, germanique, helvétique. Pourquoi n'y aurait-il pas une confédération des États européens? — Assurément cela serait beau, mais une confédération ne peut être établie qu'entre les membres d'une même race, divisée en plusieurs fractions, et qui ont vécu jusqu'alors d'une manière indépendante. Les habitants des États-Unis sont, en majorité, de même race; ils ont été unis, par les mêmes intérêts, dans la même lutte pour leur indépendance contre la Grande-Bretagne. Telle est la Suisse dont les cantons originaires s'allièrent en 1306 pour briser le joug de l'Autriche. Il serait puéril de prendre comme exemple les confédérations allemandes qui se sont succédé, il s'agit également de peuples qui ne diffèrent ni par la race, ni par la langue et dont les intérêts sont communs. La neutralité armée n'a été qu'éphémère; elle s'est disloquée dès que le danger qui l'avait suscitée a semblé disparaître. Bien plus, il est parfois arrivé que des peuples semblables n'ont jamais pu être réunis; dans l'antiquité trouvons-nous une confédération grecque ? Il y en eut un pâle essai dans la ligue Achéenne qui, encore, se localisa dans le Péloponèse et dura à peine 60 ans.

Comment réunir les nations européennes si différentes de langue, de religion, de race, aux intérêts si opposés, si divers, aux haines, aux rancunes si tenaces ? Ce serait méconnaître leurs sentiments les plus profonds, leurs antipathies, leurs aspirations et les enseignements de l'histoire. D'ailleurs cette association d'États supposerait nécessairement le consentement continu des États associés. Comme la durée de ce consentement dépendrait des volontés séparées de ces États, elle serait perpétuellement sujette à être interrompue et, dès lors, il faudrait en revenir à la guerre pour régler les querelles entre les associés dissidents — à moins de recourir au tribunal arbitral que nous étudierons plus tard.

XXII

La paix serait même médiocrement garantie par une confédération. Bentham a été séduit par l'accord des États-Unis d'Amérique. Or, au dix-

neuvième siècle, la guerre de Sécession n'a-t-elle
pas prouvé que l'antagonisme le plus violent et
les luttes les plus sauvages peuvent exister entre
les États d'une confédération ? N'est-il pas à
craindre qu'un des alliés n'absorbe les autres
comme la Prusse dont l'épée victorieuse détrui-
sit en 1866 la confédération germanique ? La
Suisse elle-même ne fut pas toujours si calme.
En 1597 les dissensions religieuses la désolèrent.
En 1798, le Directoire, profitant de l'état du pays
de Vaud insurgé contre Berne, y fit admettre les
soldats français, à titre de libérateurs. Puis il y
eut en 1840, la révolution du Valais et en 1841
celle du Tessin. En 1845 éclata la guerre du
Sunderbund. L'armée fédérale fit rentrer dans
l'ordre, par la force, sept cantons catholiques
ligués pour la défense de leurs intérêts... Bref
l'histoire nous prouve, qu'entre les membres des
différentes ligues ou confédérations qui ont
existé, des guerres ont souvent jeté le trouble. On
a même vu, par un exemple récent, celui de la
Crète, combien il a été difficile au concert européen, soit de se mettre d'accord sur le choix d'un
gouvernement neutre, soit de veiller en commun
à la neutralité de l'île... Seuls des intérêts commerciaux ont uni fortement, pendant plusieurs
siècles, des peuples différents. Nous voulons
parler de la ligue hanséatique que formèrent au

xᴵᴵᴵᵉ siècle les villes des rives de la Baltique et, à
leur suite, les riches cités des bords du Rhin et
les grandes communes de Flandre Le pavillon
de cette ligue flotta, victorieux, durant, de lon-
gues années, de Novgorod à Londres. Elle eut
assez d'influence dans le Danemark, la Suède
et la Norwège pour y pouvoir faire et défaire
les rois. Au xvᵉ siècle, elle comptait plus de
quatre-vingt villes, mais, après les jours de
splendeur, vint la décadence. Comme un édifice
ruiné elle se désagrégea peu à peu. En 1669, eut
lieu sa dernière diète (1).

XXIII

Bien plus, les projets de confédération sont
contraires au but que l'on se propose ; au lieu
d'obtenir que l'usage de la force soit éliminé,
ils tendraient à créer un pouvoir central armé
qui, ayant à sa disposition toutes les troupes de
la confédération, obligerait les membres à obser-
ver ses dispositions, en contraignant par la force
ceux qui voudraient s'y refuser.

Bentham établit donc un pouvoir central, tribunal arbitral ou diète, qu'il investit de pouvoirs

1. Voir Pierre Bonnassieux, *Les grandes compagnies de commerce, Passim.*

assez déterminés. Il espère que la guerre ne naîtrait pas nécessairement d'un conflit d'opinions. L'honneur du peuple à qui l'on donnerait tort serait sauf. En est-il bien sûr ? Si le peuple est le plus faible, oh assurément, il ne protestera pas, en attendant l'heure de la vengeance que l'on espère toujours ; s'il se sent assez puissant, assez fort, n'est-il pas à craindre qu'il en appelle à la fortune des batailles ou qu'étant cité, à cause d'une injustice commise, d'une criante violation de droit, il ne tienne un langage pareil à celui de ce prince anglais qui, convoqué par Charles V, répondit : « Oui, j'irai à Paris, mais, casque en tête, visière baissée et à la tête de mes hommes d'armes » ? Dans ce cas, adieu les jolis projets de paix. L'idéale organisation, construite avec tant de peines, tant de labeurs, dans le silence des cabinets, crèverait comme une bulle de savon (1).

Chaque nation enverrait deux députés au congrès de Bentham, qui prononcerait sur les différends. Nous doutons fort que ces grands remueurs de peuples appelés Alexandre, César ou Napoléon aient consenti à porter leurs

____

1. Rousseau disait avec beaucoup d'à-propos. : « un simple gentilhomme offensé dédaigne de porter ses plaintes au tribunal des maréchaux de France et vous voulez qu'un roi porte les siennes à la diète européenne ? »

démêlés devant un tribunal arbitral, quel qu'il fut. Et comment croire que des États divisés, par des rivalités souvent séculaires, se conformeront, sans protestations, à des décisions qui souvent léseront leurs intérêts ? Il n'y a pas à invoquer, en cette occasion, des cas d'arbitrage, plus ou moins célèbres ; autre chose est se soumettre à un arbitre pour un fait précis, déterminé, autre chose est accepter, d'une manière générale et absolue, les jugements d'un haut tribunal international, pour n'importe quelles prétentions, réclamations, litiges. Jamais des États, possédant quelque force de résistance, ne s'inclineront devant un juge lorsqu'il s'agira de leurs intérêt suprêmes ou réputés tels. Mais si ce congrès ne dispose d'aucune sanction, si ses sentences restent lettre morte, si on est libre d'en tenir compte ou non, il s'écroulera sous les quolibets et les huées des adversaires allant vider leur querelle, sur le champ de bataille ; on sera donc obligé de lui donner un pouvoir coercitif. Quel sera ce pouvoir ? La question devient troublante. Bentham pense qu'il serait suffisant de faire publier la décision du congrès dans le territoire des États intéressés. Ce moyen est plutôt platonique. L'exemple du roi de Suède ne prouve rien. Cette publication ne servirait souvent qu'à agiter les passions, accroître les haines, aigrir les rancunes. Après un certain délai, on mettrait l'État récalcitrant au ban de l'Europe. Cette sanction consisterait, sans doute, en rupture de relations diplomatiques, dénonciations de traités avantageux à la partie rebelle, défense faite à ses ressortissants d'entrer sur le territoire des autres États, fermeture des lieux d'écoulement de ses marchandises et de ses marchés, en blocus de ses côtes. Tous ces moyens sont frivoles et seraient même préjudiciables aux autres États qui voudraient les appliquer. Les intérêts économiques des peuples sont tellement mêlés qu'il serait bien difficile d'interrompre, par exemple, les relations commerciales d'un pays, sans nuire à l'ensemble des autres pays.

Et alors, forcément, bon gré, mal gré, Bentham en arrive à mettre, à la disposition de son tribunal arbitral, une force armée fournie par les contingents de chaque État et, grâce à laquelle, il fera exécuter ses décisions. Ce sera la paix à coups de canon. Vous ne voulez pas vous soumettre à ma sentence, eh bien ! je vais faire avancer mes fantassins, mon artillerie et de nouveau, triomphante et terrible, la guerre apparaîtra dans le monde.

Naturellement le peuple, vaincu par l'armée de la confédération gardera, au fond de son cœur, une rancune sourde et mettra tout en œuvre pour reconquérir son indépendance, reprendre sa vie libre, exempte de tout lien, de toute chaîne.

Ce tribunal international sera un instrument de despotisme et de violence. Il servira les intérêts de la nation la plus forte, la plus ambitieuse, la plus active. Il consacrera le droit d'intervention qui est l'abolition de la personnalité des États. Comme toujours, les faibles seront sacrifiés. Parfois, sous prétexte de faire exécuter les sentences du tribunal suprême, des puissances s'entendront pour opprimer les États rivaux et assurer leur prédominance, ou bien une puissance habile et adroite parviendra à absorber les autres, agira comme la Prusse avec la Confédération germanique, comme le roi de France qui, s'appuyant sur la chambre nominale des pairs, réussit, le temps aidant, à ébranler les rapports féodaux et à détruire les souverainetés rivales. On aboutira ainsi à l'État universel qui n'aura qu'une existence éphémère, qui sera agité par des séditions des révoltes et qui, par la marche même de la vie, sera condamné irrémédiablement à la désorganisation.

XXIV

Nous avons vu, que Bentham semblait à la fin reculer devant l'emploi de moyens coercitifs violents et qu'il espérait rendre obligatoires, grâce à la liberté de la presse, les décisions du congrès. Il croit que les peuples obligeront leurs gouvernements à s'y conformer, qu'ils obéiront plutôt au pouvoir international suprême qu'à leurs propres chefs, qu'il ne s'agit que de leur faire connaître les jugements de ce pouvoir. Hélas, combien peu il connaît la nature humaine ; les hommes ne sont pas des anges, et il est peu probable qu'ils montrent une abnégation aussi grande. Quant à la liberté des écrits, libelles, journaux, de ce que nous appelons la Presse aujourd'hui, il se trompe étrangement sur son compte. Au lieu d'apaiser, de calmer les passions, elle les excite, les envenime ; — pour les besoins de sa thèse, elle prend les plus petits faits, les exagère, les agrandit, leur donne des proportions démesurées : elle accueille les bruits les plus invraisemblables ; elle flatte les instincts de la foule ; les manifestes, les jugements du tribunal international lui seraient livrés en pâture, des polémiques ardentes et passionnées s'engageraient, d'où souvent jailliraient les étincelles qui allumeraient l'incendie. Les députés de l'État, excités, accusés de tiédeur, pour les intérêts de la patrie, de trahison peut-être, apporteraient leurs haines, leurs querelles au tribunal qui deviendrait un champ clos où se passeraient des scènes de pugilats et de défénestration.

XXV

En ce qui concerne le secret des délibérations, il est hors de doute qu'on doit le bannir d'une Confédération. Si un État tramait quelque chose, préparait des expéditions, etc., sans en référer au congrès, cet État se mettrait en révolte, hors du pacte fédéral qui n'aurait plus de raison d'être. Il ferait bande à part, peut-être essaierait-on de le ramener dans l'union à coups de canon. Actuellement ce serait une folie pour les peuples d'étaler au grand jour leurs délibérations, leurs projets, ce serait se préparer à de certaines défaites. Nul d'ailleurs ne commencera, on craindra que le voisin n'agisse pas loyalement et ne profite, de cet état de choses, pour travailler au mieux de ses intérêts particuliers. Oh ! certes, le secret ne devrait pas exister dans le régime parlementaire où, théoriquement, la Chambre connaît de toutes les questions, approuvant, désapprouvant, mais, en pratique, jamais un gouvernement, soucieux des intérêts du pays qu'il gère, ne livrera, au feu ardent des polémiques, les secrets concernant la défense nationale.

XXVI

Tel est le projet de Bentham. En s'appuyant sur le raisonnement, l'histoire et l'expérience quotidienne, on a prouvé que chaque article suscitait d'insolubles difficultés dont la discussion, au lieu d'amener la paix, serait certainement une cause de brouille, de querelle, de guerre. Le monde n'est pas un monastère où chacun a sa place, sa fonction dont il ne peut s'évader, où pèse une règle rude. Le monde est plein d'ambitieux, de révoltés, de mécontents, de gens qui, comme Érostrate, mettraient le feu à un royaume entier pour passer à la postérité et qui, forcément, disloqueront une organisation comparable, pour la fragilité, à un mécanisme d'horlogerie. Il faudrait des hommes sans passions, soumis et dociles. Où les trouver? « Nous ne rêvons pas la paix perpétuelle dit M. d'Estournelles de Constant ; nous savons que les mauvais instincts subsisteront à côté des bons, chez les peuples comme chez les individus » (1).

En second lieu, Bentham est trop exigeant, en demandant aux nations l'abdication de leur souveraineté. En réalité, les peuples tiennent à la vie plus que les hommes, s'y accrochent plus désespérément. Un homme peut croire à une autre existence. Un peuple sait qu'une fois entré dans le froid de l'histoire, c'est fini et bien fini. Aussi, tant qu'il lui reste un souffle, défend-il sa vie sauvagement. Josèphe nous a transmis le récit de la lutte héroïque et atroce, que livrèrent à Titus, les Juifs de Jérusalem, avant la dispersion finale. Réfugiés sur leurs montagnes, les Espagnols bataillèrent avec acharnement contre les Maures qu'ils finirent par expulser. Les exemples abondent. Et l'on demandera à un peuple de remettre bénévolement, le cœur léger, la garde de ses intérêts primordiaux à une confédération étrangère qui disposera d'une armée et pourra le réduire, à coups de canon ! Que l'on n'objecte pas que Bentham, à la fin, semble reculer devant l'emploi de cette force armée, car, ainsi qu'il a été dit, de deux choses l'une, ou son tribunal ne pourra faire exécuter ses sentences et il n'existera que sur le papier, ou il possédera des troupes solides et l'on aboutit

1. *La conciliation internationale*, p. 40.

fatalement au despotisme du plus hardi. Bentham lui-même remarque, avec douleur, que la justice n'a pas encore gagné un ascendant sur la force dans l'opinion générale ; il fait appel à ses compatriotes pour commencer la réforme tant désirée ; sa voix s'est perdue dans le désert. Les Anglais n'ont rien abdiqué de leur rapacité, ni de leur mépris du droit ; ils n'ont pas abandonné leurs grandes idées de conquête, ni sacrifié leur marine et ils peuvent dire avec raison : « Il nous semble, incontestablement, que nous sommes, par excellence, la grande race voyageuse, travailleuse, colonisatrice, fils des Wikings et des rouleurs de mer. La mer, croyons-nous, est nôtre par un décret de la nature et c'est le grand chemin, sur lequel nous nous élançons, pour subjuguer les terres et pour les peupler » (1). A ce jeu, malgré l'affirmation de leur illustre compatriote, leur commerce s'est augmenté de plus d'un penny ; sachant « se faire craindre et respecter » plus que qui que ce soit

1. Bonnassieux, *op. cit.*, p. 81. Rapprocher ces paroles de celles de Mocenigo, doge de Venise, s'adressant à ses compatriotes au temps de la splendeur de leur ville : « Vous êtes les seuls à qui la terre et la mer sont également ouvertes. Vous êtes le canal de toutes les richesses. Vous approvisionnez le monde entier. Tout l'univers s'intéresse à votre prospérité. Tout l'or du monde arrive chez vous ». *Jacques Cœur et Charles VII*, par Pierre Clément, p. 23. Duber et Cie, 1880.

ils ont joui de cette sécurité, à laquelle ils doivent leurs richesses et leur prospérité. Les faits sont là. Pas plus aujourd'hui qu'au dix-huitième siècle la confiance n'existe entre nations. Elles se craignent, se redoutent. Un élan de générosité aurait parfois de terribles et fatales conséquences. Un exemple actuel le prouve. Tandis que le Tzar se laissait emporter par ses rêves humanitaires et parlait de désarmement, le Japon préparait contre lui une guerre implacable.

XXVII

La guerre est-elle aussi nuisible que Bentham nous le dit ? Le vainqueur n'en retire-t-il pas des avantages moraux et matériels considérables ? Cela est indéniable, ces avantages ne consistent pas seulement dans l'acquisition d'un lambeau de territoire, mais dans la confiance en soi-même, l'initiative et l'élan que donne au vainqueur une guerre heureuse. Il accapare souvent le commerce et, par conséquent, la richesse de ses rivaux écrasés et il a vite fait de réparer les « saignées » causées par les batailles. C'est ce que nous prouve l'histoire. Les victoires de l'Allemagne n'ont-elles pas fondé sa puissance commerciale et politique ? Il est vrai qu'aujourd'hui nous assistons à une guerre où, à cause des nouveaux et coûteux moyens de destruction employés, vainqueurs et vaincus en sortiront ruinés et épuisés pour longtemps.

Quoi qu'il en soit le projet de Bentham étant irréalisable, les autres, les plus célèbres, ceux de Henri IV, de l'abbé de Saint-Pierre, de Kant, pourraient-ils ramener l'âge d'or de la paix ? Sont-ils supérieurs ou inférieurs à l'idée du jurisconsulte anglais ? C'est ce que nous allons examiner dans une troisième et dernière partie.

TROISIÈME PARTIE

Comparaison du projet de Bentham, avec ceux de Henri IV, de l'abbé de Saint-Pierre et de Kant.

I

Henri IV a été un batailleur. Jeune, on nous le représente, pieds nus, les cheveux au vent, luttant avec les enfants de son pays natal. Puis on le retrouve, dans le tumulte des guerres de religion, et enfin, sur les grandes routes du royaume, chevauchant à la conquête de la couronne dont il était le plus proche héritier. Une fois sur le trône, il bat les Espagnols et il meurt, au moment où il s'apprêtait à partir en guerre contre l'Autriche. Il semble donc étrange de voir son nom accolé à un projet de paix perpétuelle. Cela est, pourtant. On a dit que c'était une idée qu'il avait émise, sans y attacher grande importance et que, plus tard, Sully avait reprise, développée lorsqu'il confectionnait ses mémoires, durant les loisirs de sa vieillesse. Cette affirmation

paraît exagérée. En tous cas son projet respire
un air de poudre et il s'en faut qu'il soit aussi
pacifique que celui de Bentham.

Il repose sur deux idées :

1) Remaniement complet de l'Europe ;

2) Etablissement, entre tous les États chrétiens, d'une confédération qui assurerait la paix
à perpétuité.

II

Henri IV (1) voulait rendre les princes chrétiens sans jalousie les uns à l'égard des autres,
en disposant les choses de telle façon qu'il n'y
eut plus d'intérêts contraires ; il débute par
une rêverie car il comptait sans les passions
humaines. Pour cela, Sully lui conseillait, après
s'être allié avec les Vénitiens, les Pays-Bas et
les ligues suisses, leurs dissentiments étant
éteints, de se rapprocher des « trois domina-
teurs puissants du Nord » qu'il réconcilierait
avec le pape. Puis, entreraient dans l'alliance
les princes de l'Empire, la Pologne, la Hongrie,

1. *Économies royales de Sully*, p. 197-8-9. Edition Michaud et
Poujoulat, Voir également Wheaton, *Des progrès du droit des
gens en Europe et en Amérique depuis la paix de Westphalie
jusqu'à nos jours*, t. I, pp. 319-20-21. 4e édit. Leipsick, F. A.
Brockaus, 1865.

la Transylvanie, le roi leur ayant persuadé qu'il agissait par des motifs d'intérêt général. En outre l'idée de Henri IV était de s'unir loyalement avec le pape, en élevant son autorité pontificale sur tous les princes catholiques et en accroissant sa souveraineté temporelle.

Vient alors le projet proprement dit. L'Europe serait divisée en quinze dominations ou États, égaux, autant que possible, en force et en puissance. En conséquence on « prierait solennellement le roi d'Espagne et l'Empereur, en qui résident l'excessive puissance et ambition de la maison d'Autriche, d'établir dans l'Empire un ordre de succession » qui fasse que le titre d'empereur ne fût plus héréditaire et n'appartînt jamais, deux fois de suite, à des princes de la même famille ». On persuaderait au roi d'Espagne de se contenter de l'Espagne et des îles adjacentes, de rendre la liberté aux Pays-Bas, sous réserve d'un simple hommage à l'Empereur et à l'Empire. La république suisse serait augmentée de provinces, également prises à la maison d'Autriche. La Hongrie et la Bohême seraient constituées en royaumes électifs. En plus le roi d'Espagne donnerait Naples au pape, la Sicile aux Vénitiens, le duché de Milan à la Savoie. De ces quinze États, cinq auraient été successifs : la France, l'Espagne, l'Angleterre, la Suède, la Savoie ou Lombardie — six électifs : la Papauté, l'Allemagne, la Hongrie, la Bohême, la Pologne et le Danémark. Il y aurait eu quatre républiques : belge, suisse, vénitienne et italique, ces deux dernières aristocratiques.

A propos de ces différents remaniements territoriaux, des pourparlers furent-ils réellement engagés ?

Dans un autre passage des *Economies Royales*, Sully rapporte que le roi de France s'ouvrit de son projet à la reine d'Angleterre. Leurs confidents se rencontrèrent à Douvres en 1601. Il y fut décidé que l'on ferait sonder les rois de Danemark et de Suède, les princes et villes de l'Empire, de la Hongrie et de la Bohême. On proposerait l'établissement d'une république belge indépendante, sous condition d'un hommage nominal au corps germanique, la réunion des treize cantons suisses en république des Helvétiens, etc... On négocierait, entre certaines puissances, l'établissement d'une paix perpétuelle dans laquelle, peu à peu, on ferait entrer les autres. La mort de la reine en 1603 arrêta ces préliminaires. Néanmoins Henri IV continua sa campagne chez les princes qui avaient à se plaindre de la maison d'Autriche. De nouveau il envoya des ambassadeurs en Angleterre. Dans

les articles proposés il était dit que : les remaniements territoriaux auraient lieu sans guerre ;
que les intérêts généraux passeraient toujours
avant les intérêts particuliers, que ; seules, trois
religions seraient admises (la catholique, la pro-
testante et la réformée) ; qu'il y aurait, entre les
associés, pleine-liberté de commerce, tant sur
terre que sur mer ; que nul ne se livrerait à une
agression quelconque, sans l'avis des autres ;
que les conquêtes faites seraient remises entre
les mains des associés ; qu'on en gratifierait de
préférence les États électifs ; qu'en matières religieuses, les différends seraient toujours résolus
par l'arbitrage. Des ambassadeurs du roi devaient
aller trouver les princes de l'Empire, sonder
leurs projets. Sully cite même en 1608-1609 une
assemblée de princes allemands qui eut lieu à
La Halle, au grand déplaisir de l'empereur Ro-
dolphe. La mort du roi arrêta tout.

III

Cette première partie du grand projet peut
nous suggérer les réflexions suviantes. Tandis
que Bentham laisse l'Europe telle qu'elle,
Henri IV la remanie complètement. C'est un
tort. Il apporte trop de changements. On ne
partage pas un continent, comme une île

nouvelle ou un terrain inhabité, entre des colons. A chaque moment des difficultés auraient surgi, amenant des guerres, car rien n'est plus arbitraire que sa nouvelle division ; le nombre de ces États, leur nature, tout semble pris au hasard et il est peu probable que les peuples auraient consenti à être partagés, comme le butin après la bataille. Quant à l'égalité qu'il désire entre ses états, de deux choses l'une, ou réellement ces états auraient été égaux en force et en puissance et sa fédération universelle, que nous étudierons plus loin, eût été inutile ; le repos serait né de l'équilibre et l'équilibre de l'action réciproque des masses les unes sur les autres ; dans le cas contraire, les États forts ne se seraient pas soumis ; les autres, les faibles, auraient été victimes de leur despotisme. En fait, la plus grande égalité existait dans cet assemblage confus de monarchies et de républiques.

On remarquera également que tous ces changements se seraient faits, au détriment de la maison d'Autriche. Bentham regarde les colonies comme la principale cause (tantôt directe, tantôt indirecte) de guerres. Le roi ne semble-t-il pas considérer la maison d'Autriche, comme la grande perturbatrice, tant il s'escrime à diminuer, briser sa puissance ? Il est vrai que, depuis Charles-Quint, l'histoire lui donnait raison. Et, ici, il se montre patriote plus avisé que l'Anglais. Ce dernier, en conseillant l'abandon des colonies, prononçait la déchéance de sa patrie, tandis qu'à l'époque du roi Henri la France avait tout à gagner, à l'abaissement de la maison d'Autriche qui était sa rivale la plus redoutable. Par sa ruine, le premier rang lui était assuré. Est-ce à dire que les princes de cette famille eussent consenti à ce démembrement de leur puissance ? Non assurément (1). Restait un seul moyen de contrainte : la guerre, étrange préambule de la paix perpétuelle. Les vaincus auraient gardé, au fond de leur cœur, le regret cuisant de la suprématie détruite. Entrés par force dans la confédération, ils en seraient sortis — par la force — dès qu'ils auraient pu. De là, il ressort que le but principal de Bentham est la paix perpétuelle, tandis que pour Henri IV, elle n'est que l'accessoire. Il vise d'abord à l'émiettement, à l'écrasement de la puissance autrichienne.

1. Henri IV voulait bien charger le pape de persuader au roi d'Espagne que son projet n'avait rien de contraire à ces intérêts, que son autorité aurait été aussi grande grâce, aux systèmes des inféodations, et qu'il n'avait pas à redouter la perte de provinces qui étaient pour lui une cause de luttes et de querelles incessantes. Il est peu probable que le roi d'Espagne eût goûté ces raisons.

IV

Nos deux auteurs se retrouvent dans l'idée d'une confédération. Les quinze Etats, dit Sully, seraient constitués « avec de tels tempéraments et assaisonnements que l'on en pût former une république nommée très chrétienne, toujours paisible en elle-même et capable de rendre telles toutes les dominations dont elle serait composée, establie avec des voyes et moyens si faciles que nul potentat n'y aurait aversion » ; et Henri IV préconisait l'institution de sept conseils (un conseil général et six conseils particuliers) « si bien ajustés, qu'ils soient capables de terminer toutes les diversités de prétentions et contrariétés d'opinions qui pourraient naître ». Le premier, composé de quarante membres (1), prendrait connaissance des propositions universelles, des appellations interjetées des conseils particuliers et de tous desseins, guerres et affaires concernant la République très chrétienne. Par son avis, on établirait un ordre et un règlement, entre les souverains et les sujets, pour empêcher, d'une manière sûre, d'un côté, l'oppression et la tyrannie des princes et, de l'autre,

1. Le Pape, l'Empereur, les rois de France, d'Espagne et de Grande-Bretagne auraient nommé chacun quatre membres.

les plaintes et les rébellions des sujets. Chaque État désignerait, à tour de rôle, la ville où siégerait ce conseil, entre un certain nombre de cités situées dans la région du Rhin moyen. Les six autres conseils se partageraient les affaires de la chrétienté. Ils se tiendraient à Dantzig, Nuremberg, Vienne, Bologne, Constances. Le sixième et dernier conseil non désigné aurait été pour la France, l'Espagne, la Grande-Bretagne et les Pays-Bas.

Le conseil général devait également constituer et gérer une caisse alimentée, par la cotisation de chaque État, afin d'aider les dominations voisines des infidèles à se défendre contre leurs attaques : la Hongrie et la Pologne contre les Turcs, la Suède et la Pologne contre les Moscovites et les Tartares. Puis, quand chaque domination eût été bien établie, (en trois ans au maximum) toutes eussent, d'un commun accord, choisi trois capitaines généraux, deux par terre, un par mer, pour attaquer l'Empire ottoman et avec 265.000 fantassins, 50.000 chevaux, 217 pièces de canons, 117 grands vaisseaux ou galères, sans compter les brûlots et les vaisseaux de moyenne grandeur, on eût fait « puissamment et continuellement la guerre aux Turcs » jusqu'à leur expulsion d'Europe.

Briout

7

V

Pour régler les différends les deux auteurs admettent un même principe, celui de l'arbitrage. L'organisation du roi est plus claire, plus précise et plus brutale que celle de Bentham qui, sur ce sujet, est vraiment trop sobre de détails. Ce dernier ne reconnaît qu'une Diète ou Congrès. Il nous semble que Henri IV est mieux inspiré, en admettant plusieurs conseils, chacun à la tête d'une région déterminée dont ils connaîtraient plus sûrement les besoins et les idées. L'appel à un conseil supérieur qui, lui, s'occuperait des intérêts généraux de la chrétienté est une mesure heureuse. Juridiquement, il est toujours préférable que l'on puisse appeler, à un tribunal plus élevé, d'une sentence rendue. Il y a bien des chances d'éviter ainsi les erreurs et les injustices. Mais, alors que l'économiste anglais hésite à mettre une armée à la disposition de sa Diète, le roi n'a pas tant de scrupules. Il ne s'agit que de réduire les Turcs, affirme-t-il — et peut-être les Etats qui voudront rompre le pacte fédéral. Ici, reparaissent plus fortes que jamais les objections que nous avons déjà formulées. Il est certain que, la maison d'Autriche brisée, la France aurait été la plus puissante des nations européennes. Dans le Conseil, ses représentants auraient dominé, tenté d'opprimer les autres souverains, jusqu'au jour où ceux-ci auraient secoué le joug — par la guerre.

De même que Bentham, Henri IV ne confédère que les peuples européens. Cette manière d'agir était plus compréhensible, à son époque. L'Amérique n'avait pas son autonomie. Du côté de l'Orient, il n'existait qu'une seule puissance redoutable, la Turquie. On sait comment le roi l'aurait traitée. A noter que les Moscovites auraient été rejetés en Asie, d'où le Japon veut aujourd'hui les expulser.

Enfin jusqu'au bout le projet de Henri IV garde son allure belliqueuse. Loin de désarmer, comme dans le projet de Bentham, les confédérés auraient fait aux Turcs une guerre d'extermination. Nous sommes loin de la paix perpétuelle.

Au fond, les hommes de cette époque, nés au milieu des guerres implacables de religion, n'étaient-ils pas trop durs, trop amoureux des grands coups d'épée pour désirer les loisirs de la paix, les plaisirs calmes et ternes des Arcadie chimériques ?

Néanmoins, rien n'empêchait le « projet » de Henri IV d'être populaire en France. N'était-il pas dirigé contre la grande ennemie de la

Nation ? Quant à celui de Bentham, les Anglais ont dû toujours le considérer avec le dédain qu'éprouvent, pour les rêveurs, les hommes pratiques.

VI

Si jamais quelqu'un mérita l'épithète de rêveur, ce fut assurément l'abbé de Saint-Pierre. D'un optimisme exagéré, d'une douceur inaltérable, c'était un grand faiseur de systèmes auquel rien ne paraissait impossible. Son nom évoque de suite l'idée de paix perpétuelle. Pour la conquérir, il entreprit une longue série de campagnes malheureuses. Malgré les quolibets, les difficultés et les guerres, il poursuivit sa chimère avec la ténacité d'un monomane. Tant qu'il vécut, pas un prince d'Europe ne put se vanter d'être à l'abri de la persécution. Malheur à lui s'il connaissait l'abbé ou quelqu'un qui le connût ! De Saint-Pierre eût adressé son livre à Tamerlan, à Attila, s'ils eussent existé de son temps. Il réussit simplement à se faire expulser de l'Académie française et il mourut sans que rien ne fît présager l'aube de la paix perpétuelle. Saint-Simon a dit de lui : « Il avait de l'esprit, des lettres et des chimères ».

VII

Son projet (1) comprend trois volumes. Dans la préface, il constate que les traités sont de simples trèves, arrachées à la lassitude des combattants, et que l'équilibre des maisons de France et d'Autriche ne procurerait pas une paix suffisante. Il propose une union européenne qui, selon lui, ne serait pas plus difficile à constituer que la confédération germanique. Tous les États y adhéreraient dès qu'ils en auraient compris les avantages. Suivent sept discours.

Premier discours. — Les moyens actuels d'entretenir la paix sont inefficaces. Les traités sont incertains dans leurs effets, par suite de l'absence d'une loi commune et l'arbitrage est instable, faute d'un pouvoir supérieur chargé de faire exécuter les décisions des arbitres.

Il n'y a pas d'organisation judiciaire pour empêcher une grande puissance de ruiner sa voisine, et, en dehors de la guerre, règne une défiance perpétuelle. L'équilibre lui-même de la France et de l'Autriche n'assurerait pas la paix. Seul, un lien de société conduirait à ce

---

1. *Etude sur la vie et les écrits de l'abbé de St-Pierre.* Thèse pour le doctorat ès lettres. Edouard Goumy, 1859. Voir aussi Wheaton, *op. cit.*, t, I.

résultat. Si ce lien existait entre les souverains, ils n'auraient nul besoin de recourir à la guerre pour faire valoir leurs prétentions. Ils n'auraient plus à redouter les guerres civiles et la conservation de chaque Etat serait forcément garantie ainsi que le libre exercice du commerce.

Deuxième discours. — Il invoque, en faveur de son idée, comme Bentham le fera plus tard également, mais d'une façon plus brève, la formation et la durée de la Société germanique. Elle est née de l'extrême division de la souveraineté et des guerres continuelles qui en étaient résultées. Il compare les intérêts qu'avaient les souverains allemands à former le corps germanique et les intérêts qu'auraient les souverains actuels à former la Société européenne. Quant aux moyens, chacun a dû promettre de se contenter de ses possessions, au temps du traité. On a réuni dans une ville libre et neutre les députés chargés de trancher les contestations, on a décidé que celui qui violerait le pacte serait mis au ban de l'empire, etc. Pourquoi de semblables mesures ne seraient-elles pas prises par la Société européenne ?

Troisième discours. — Les souverains européens auront tout avantage à signer ce traité d'union. Etant partagés entre le désir d'agrandissement et la crainte d'affaiblissement résultant de la guerre, la crainte devra l'emporter. Pour régler les conflits le système de l'arbitrage n'est-il pas meilleur que celui de la force ? « N'est-il pas celui qui réduit le moins l'indépendance des chefs d'Etat, en compensant les sacrifices imposés à chacun, par les sacrifices égaux demandés aux autres en faveur du premier ».

Les risques sont moindres. Le roi le plus puissant n'est pas toujours sûr de l'emporter. En tenant compte du hasard, une guerre malheureuse peut fort bien lui enlever une partie de ses domaines, tandis qu'une prétention rejetée par des arbitres coûte simplemer t les espérances qu'elle renferme. En tous cas, un juge impartial et désintéressé est moins à craindre qu'un adversaire. D'autre part, sous ce système de paix, pour les souverains, les périodes de folie et de minorité n'ont plus d'inconvénients... et il énumère copieusement les avantages de son projet. On remarquera que, seul, l'intérêt des souverains attire l'attention de l'abbé de Saint-Pierre.

A ce sujet, Bentham se sépare nettement de lui ; son projet est surtout établi dans l'intérêt des peuples. N'affirme-t-il pas, à tort ou à raison qu'il n'y a que les rois qui gagnent à la guerre. « Le butin est pour eux et ils disposent des nouvelles places, alors que les sujets paient les frais ».

Quatrième discours. — Il admet le Czar dans l'union. S'il refuse d'y entrer, on le traitera en ennemi de la paix européenne. Il consent même à ce que l'on se lie d'amitié avec les Mahométans, les Tartares, les Turcs et les Tripolitains à qui on accordera un résident dans la cité de la paix. La confédération serait donc plus large que celle de l'auteur anglais. Il pose ensuite les articles fondamentaux de l'alliance.

Art. 1. Il y aura, entre les souverains signataires des présents articles, une union permanente pour maintenir chacun en paix dans les bornes de son territoire. Des députés les représenteront continuellement. Des garanties réciproques seront données. En outre l'Union appuiera les prétentions des princes, de manière à ce qu'ils n'aient pas à souffrir des rebellions de leurs sujets. C'est une sorte d'assurance mutuelle entre tyrans qui devait profondément déplaire à Jérémie Bentham.

2. La société européenne ne se mêlera pas du gouvernement intérieur de chaque État, si ce n'est pour en conserver la forme fondamentale et pour donner un prompt et puissant secours, aux princes dans les monarchies, et aux magis-

trats dans les républiques, contre les séditions et les soulèvements.

3. L'Union emploiera toutes ses forces pour éviter que, durant les régences, les minorités, etc., il ne soit fait aucun préjudice aux souverains, soit par des sujets, soit par des étrangers. Si un tel fait se produisait, l'Union enverra des commissaires pour vérifier et des troupes pour punir. Ces articles reviennent à dire aux rois : « Signez mon projet et vos couronnes vous seront garanties ». L'abbé établit une « Sainte Alliance » avec la lettre. Sans doute voulait-il obliger les souverains à prendre son projet en considération, à cause des multiples avantages qu'il faisait miroiter à leurs yeux. Encore une fois Bentham part d'un principe opposé, de là chez les deux auteurs des développements différents. Henri IV est plus juste qui garantit rois et sujets contre leurs excès réciproques.

4. Chaque souverain se contentera pour lui et ses successeurs des territoires qu'il possède actuellement. Ils conserveront donc leurs colonies. De Saint-Pierre n'y voit pas d'inconvénient. Nul ne pourra s'agrandir et aucun échange de territoire ne sera fait, si ce n'est à la majorité des trois quarts des voix des députés.

5. Nul souverain ne possédera deux souverai-

netés à la fois, néanmoins les électeurs de l'Empire pourront être élus empereurs. S'il arrivait à un prince une deuxième souveraineté, il choisirait entre la première et la nouvelle.

6. Le royaume d'Espagne ne sortira point de la maison de Bourbon ou de France tant qu'il y aura dans cette maison, deux mâles, des branches aînées ou des branches cadettes.

7. Le développement du commerce et son libre exercice sont les conditions essentielles d'une paix durable. En pratique, l'abbé aboutit au même résultat que Bentham qui veut la suppression de toutes les entraves apportées au commerce, mais l'un voit dans les douanes, une question économique ; l'autre une question fiscale.

8. Aucun souverain ne pourra prendre les armes que contre celui qui aura été déclaré l'ennemi de la société européenne. En cas de plainte d'une puissance, le Sénat de la ville de Paix, agira comme conciliateur et ensuite comme juge. Les querelles seront donc réglées, au moyen de l'arbitrage. Mais si un des alliés ne se soumet pas à la décision des arbitres, qu'en résultera-t-il ? Le tribunal suprême sera-t-il impuissant à faire exécuter son jugement ? N'aura-t-il à sa disposition que des sanctions dérisoires ? L'abbé est catégorique. L'alliance agira contre

l'Etat rebelle jusqu'à ce qu'il soit réduit. Il paiera les frais de la guerre et perdra à jamais les provinces conquises. Nous sommes loin des indécisions de Bentham qui ne sait trop comment trouver une solution pacifique. Ici c'est l'arbitrage à coups de canon. Nous connaissons les dangers de ce système. En fait nous aboutissons au despotisme écrasant de la nation la plus forte De Saint-Pierre ne s'arrête pas là. Lorsque, dit-il, la Société comprendra un certain nombre de voix, les souverains qui refuseront d'y entrer seront poursuivis comme ennemis du repos de l'Europe. Ils seront dépossédés ou ils entreront dans l'alliance. Ces alliés malgré eux ne seront-ils pas une cause de trouble et de désorganisation ? Dans ses moyens Bentham est plus pacifique que l'abbé français. Quoi qu'il en soit ce dernier est plus précis. Il essaye de tout prévoir. Son contrat de confédération est prêt, il n'y manque que les signatures des parties pour qu'il entre aussitôt en vigueur.

Dans les articles suivants, il continue l'exposé de son plan d'organisation. Les souverains qui commandent à un million deux cent mille âmes auront seuls un suffrage, sinon ils devront se grouper. L'unanimité des voix sera nécessaire pour modifier l'un des articles précédents. Les autres questions seront résolues à la majorité des trois quarts des voix. Puis il choisit la ville d'Utrecht comme résidence du Sénat de l'Union. Ce Sénat aura une indépendance absolue et entretiendra des ambassadeurs dans les capitales étrangères. Il désignera les successeurs des souverains mourant sans héritiers, bref il réglera les questions les plus importantes. Il s'agit d'une transformation complète de l'état politique européen.

Cinquième discours. — De quelque manière qu'on l'envisage son projet rétablira ou consolidera la paix.

Sixième discours. — Il réfute toutes les objections qu'on pourrait lui opposer. Il en trouve près de soixante dix. Sa grande réponse est celle ci : « Il est impossible que l'excellence d'un pareil projet ne l'emporte pas sur tous les obstacles ».

Septième discours. — Il énumère huit articles utiles à la formation et à la conservation de l'union. En cas de guerre le Sénat nommera un généralissime. Puis il s'occupe très longuement de l'organisation et des contributions du Sénat. Tour à tour et, par semaine, chaque député sera prince du Sénat et gouverneur de la ville. Il présidera un conseil des cinq qui s'occupera des affaires journalières urgentes et importantes. Le

Sénat comprendra quatre bureaux permanents et plusieurs bureaux transitoires pour concilier les différends. Le jugement arbitral sera double (jugement de provision et jugement définitif). Le contingent à fournir par chaque Etat est déterminé. Enfin l'Union européenne une fois formée s'occupera de constituer une union asiatique. L'abbé présente un système complet où tout est prévu, ordonné, tandis que Bentham expose brièvement les questions qui ne se rapportent pas à l'économie politique.

Troisième volume. — Après avoir résumé diverses objections qui lui ont été faites, l'abbé essaye de prouver, à l'appui de sa thèse de confédération, que, dans toute communauté organisée, l'autorité supérieure est intéressée au bien être et au bonheur de ses sujets. Parfaitement, mais, dans sa société d'égaux, les rois qui auront des intérêts contraires à ceux de la communauté, ne tenteront-ils pas de les faire prévaloir ? Enfin il est peu probable que des souverains consentiront à confier le soin de leurs intérêts à la direction d'une autorité supérieure, au prix de leur indépendance et du droit de dire le dernier mot sur les questions pouvant toucher à leurs intérêts vitaux.

VIII

En 1728, pour appeler l'attention sur lui, l'abbé de Saint-Pierre publia un résumé de son projet. C'est là que se trouvent condensés les cinq articles si célèbres, que lui-même qualifie d' « élixir merveilleux ». En réponse à l'envoi de ce livre le cardinal Fleury lui écrivit : « Vous avez oublié, Monsieur, un article préliminaire pour base aux cinq que vous me proposez. C'est de commencer, avant de les mettre en pratique, par envoyer une troupe de missionnaires pour y préparer le cœur et l'esprit de princes contractants ». Il lui conseillait en même temps de « fabriquer des potions calmantes et adoucissantes pour tenir les humeurs solides et liquides dans un juste équilibre ». C'était, sous une forme humoristique, une critique très juste et très sensée. Pour nous résumer, le projet de l'abbé qui nous apparaît plus complet, plus minutieux que celui de Bentham, est aussi chimérique.

IX

Nous saluons maintenant un des grands penseurs qui aient existé, Emmanuel Kant. Décrire et apprécier son œuvre philosophique ne rentre pas dans notre cadre. Nous dirons simplement que ce fut un homme de mœurs intègres et d'une modestie exemplaire. Il accomplit sa tâche, sans rechercher les honneurs, loin des vaines et stériles disputes. Il n'empêche que, depuis sa mort, sa renommée n'a fait que grandir. Lui aussi s'est laissé séduire par l'idée de paix perpétuelle. C'est son projet que nous allons rapidement étudier.

X

Bentham est un économiste, Kant un philosophe. Par là, nous indiquerons, de prime abord, la grande différence qui sépare les deux projets.

Dans sa préface (1), le professeur d'Iéna rappelle l'histoire de cet aubergiste dont l'enseigne représentait un vaste cimetière, avec ces mots : « A la paix perpétuelle ». Il ne recherchera pas si cette inscription satirique s'applique aux hommes de guerre ou « aux philosophes qui font ce doux rêve » et il semble se garder de prétendre exercer la moindre influence sur l'esprit des hommes d'Etat. Bentham espérait arriver à les persuader.

1. *Eléments métaphysiques de la doctrine du droit. De la paix perpétuelle*, p. 289 et seq. Traduit de l'allemand par Jules Barni, Paris, Auguste Durand, 1853.

Avant de poser les « articles définitifs » de son traité de paix, Kant énumère un certain nombre d' « articles préliminaires » qui sont, pour les Etats, autant de préceptes de conduite destinés à faciliter l'établissement de la paix perpétuelle. Les voici :

1. Nul traité de paix ne sera considéré comme tel si l'on réserve secrètement quelque sujet de recommencer la guerre, sinon il ne s'agirait que d'un armistice et l'on ne doit pas admettre de restrictions mentales, dans un sujet aussi grave. Ce principe est facile à justifier, théoriquement, mais, en pratique, il est assez difficile à suivre. Ne peut-on pas, sans aucune arrière-pensée, insérer dans un traité de paix des clauses qui serviront, un jour, à une nouvelle déclaration de guerre ?

2. Aucun Etat, petit ou grand (cela est indifférent) ne pourra être acquis d'aucun autre et par aucune manière. Suivent les raisons. Un Etat n'est pas un patrimoine comme le sol où il se trouve. C'est une société d'hommes qui, seule, a le droit de disposer d'elle-même. « Un Etat a comme une souche ses propres racines et l'incorporer comme une greffe à un autre Etat, c'est lui enlever son existence de personne morale pour en faire une chose, ce qui est contraire à l'idée du contrat originaire, sans laquelle on

ne saurait concevoir de droit sur un peuple ».

3. « Les armées permanentes (*miles perpetuus*) doivent disparaître avec le temps ». Etant toujours prêtes à agir, explique Kant, elles menacent sans cesse d'autres Etats et les excitent à augmenter, à l'infini, le nombre de leurs hommes armés. Cette rivalité, source inépuisable de dépenses qui rendent la paix plus onéreuse qu'une courte guerre, fait même entreprendre quelquefois des hostilités, dans la seule vue de se délivrer d'une si pénible charge. D'ailleurs, être pris à la solde pour tuer ou être tué, c'est servir d'instrument et de machine dans la main d'autrui et l'on ne voit pas trop comment un tel usage, que l'Etat fait des hommes, est compatible avec les droits que la nature leur donne sur leur propre personne.

Kant ne s'attarde pas, comme Bentham, à démontrer longuement que la guerre et les causes de guerre portent atteinte à la richesse des nations. Le point de vue philosophique l'intéresse surtout. Il est contraire à la dignité de l'homme de se louer pour tuer ou être tué. Un Etat a seul le droit de disposer de lui parce que c'est une personne morale. Voilà ce qui l'inquiète. Nous croyons que Bentham qui s'appuie surtout sur l'utilité serait plutôt écouté du vulgaire.

Kant désire lui aussi la réduction des forces militaires, mais pas comme mesure brusque et soudaine décidée par convention. Ce serait le « dernier terme de l'évolution pacifique ». De là il résulte qu'il ne regarde pas le désarmement comme un des articles définitifs de son traité de paix. Néanmoins sa solution est plus radicale que celle de l'économiste anglais, il préconise, dans un laps de temps, il est vrai, indéterminé, la complète disparition des armées permanentes. Ici il est facile de voir que la question n'est pas de rechercher quelles sont les inconvénients de ces armées, mais de savoir si l'on peut s'en passer.

4. On ne doit point contracter de dettes nationales en vue des intérêts extérieurs de l'Etat. Kant admet que l'on cherche des ressources au dedans ou au dehors pour les besoins internes, il cite l'amélioration des routes, la fondation de nouvelles colonies (sur ce dernier point Bentham eût protesté), en revanche il n'admet pas l'existence d'un trésor constitué pour augmenter la puissance de l'Etat et servir en cas de guerre. Par cet usage de l'emprunt, affirme-t-il, les nations étrangères courent le risque d'être entraînées dans des hostilités qu'elles n'auraient pas voulues et de souffrir de la banqueroute éventuelle de l'Etat emprunteur. Ce double risque

justifierait la formation d'une ligue destinée à le faire cesser. Mais tous les Etats ayant besoin de crédit — surtout à notre époque — l'idée ne leur viendra jamais d'entreprendre cette croisade d'un nouveau genre.

5. Aucun Etat ne doit s'immiscer de force dans la constitution et le gouvernement d'un autre Etat. C'est le principe de non-intervention.

6. Nul Etat ne doit se permettre, dans une guerre avec un autre, des actes d'hostilité qui rendraient impossible le retour de la paix — tels que les empoisonnements, etc., car de tels actes « ne laisseraient de place à la paix perpétuelle que dans le vaste cimetière du genre humain ». — De tous les préceptes du philosophe allemand, celui-là est certainement le plus sensé et c'est celui que l'on a tenté le plus de réaliser, dans les diverses conventions internationales du siècle dernier.

Tous ces préceptes sont très beaux. Les Etats devraient se conduire de cette façon. Pratiquement c'est autre chose.

XI

Après avoir ainsi préparé le terrain, Kant énumère les articles définitifs. Son idée se trouve déjà dans Rousseau. Dans l'état de nature, entre deux hommes, du voisinage et de l'absence de tout lien, résulte fatalement la guerre, tantôt ouverte, tantôt sous forme de menace perpétuelle. Donc tous les hommes doivent être engagés dans une organisation juridique, de même les peuples. Et Kant distingue : 1) le droit politique intérieur, pour les hommes faisant partie d'un même peuple ; 2) le droit des gens, pour les Etats dans leurs rapports réciproques ; 3) le droit de l'humanité, considérant les hommes et les Etats dans leurs rapports extérieurs et comme citoyens de la communauté humaine. Cela posé, étudions les articles définitifs.

1) « Chaque constitution doit être républicaine, c'est-à-dire doit affecter cette forme de gouvernement où chaque citoyen concourt, par ses représentants, à la confection des lois et à décider si on fera la guerre ou non. Or, dit-il, décréter la guerre c'est pour les citoyens décréter contre eux-mêmes toutes les calamités et toutes les charges de la guerre, car il s'agit pour eux de combattre en personne, de payer, de leur poche, les frais de la guerre, etc., tandis qu'un souverain n'a pas à craindre ces inconvénients et ces charges. En outre, la forme républicaine est la seule qui repose sur l'idée de contrat ; qui se fonde sur le principe de la li-

berté (1) des membres d'une société comme hommes ; sur celui de la soumission de tous, comme sujets, à une législation unique et commune ; sur la loi de l'égalité de tous les sujets, comme citoyens. Par constitution républicaine, il entend la forme de gouvernement où le pouvoir législatif est séparé du pouvoir exécutif, le pouvoir de déclarer la guerre rentrant dans les attributions du premier (2).

On voit, par cet article, que le projet de Kant est surtout politique, par opposition à celui de Bentham qui est économique ; cela signifie que le philosophe allemand espère arriver à la paix perpétuelle grâce à un changement dans le

1. Pour Kant, la liberté est le droit de tout faire, sauf ce qui est interdit par des lois auxquelles on a donné son assentiment ; et l'égalité, consiste en ce qu'un citoyen ne peut juridiquement obliger un autre à quelque chose, sans être obligé à son tour par celui-là de la même façon.

2. Kant distingue nettement la forme républicaine de la forme démocratique. Les gouvernements se répartissent en deux catégories suivant deux principes, on peut s'attacher ou bien aux personnes, en qui réside l'autorité (autocratie, aristocratie, démocratie), ou bien à la manière d'en user (forme républicaine où les pouvoirs législatifs et exécutifs sont séparés ; forme despotique où ils sont confondus). Or. la démocratie est despotique car elle statue à l'égard de tous, même de ceux dont la volonté est contraire à ses actes. Toute forme de gouvernement qui n'est pas représentative n'existe pas parce que celui qui ordonne est, en même temps, l'exécuteur de ses commandements.

droit public interne des nations. Bentham ne s'en préoccupe pas. Théoriquement l'idée de Kant n'est pas mauvaise ; les froissements et les heurts entre les Etats confédérés seraient moins à craindre, en pratique, il paraît très difficile de placer, sous la même forme de gouvernement, toutes les nations du globe, d'esprit et de caractère si divers. En choisissant la constitution qu'il qualifie de républicaine, il croit que les peuples, maîtres de leurs destinées, ne se lanceront plus dans des guerres inconsidérées. En est-il bien sûr ? Le peuple ne se laisse t-il pas souvent emporter, par ses passions, et ne pousse-t-il pas ses représentants vers des actes dont il ne calcule pas les conséquences, tandis que le souverain hésitera, reculera devant la guerre ? à un autre point de vue, dans certains cas, on doit se résoudre à la guerre, si l'on ne veut exposer l'Etat aux pires dangers et les citoyens de l'Etat de Kant n'échapperont pas à cette fatalité.

2) Il faut que le droit des gens soit fondé sur une fédération (1) d'Etats libres ; les peuples

---

1. Il s'agit d'une union d'Etats et non pas d'un Etat formé de peuples. Dans ce dernier cas, les différents Etats ne constitueraient plus qu'un seul peuple, sous l'autorité supérieure de l'union, ce qui ne leur permettrait pas de subsister comme Etats. Cette forme est donc incompatible avec leur existence en tant qu'Etats.

comme les individus, tant qu'ils restent dans l'état de nature, sont sujets à se léser par suite du simple voisinage. Seul, un pacte spécial, ayant pour but de terminer toutes les guerres, garantira l'état de paix. Les nations devront donc renoncer à leur droit de guerre, comme les particuliers ont renoncé à la liberté anarchique des sauvages, pour se soumettre à des lois coercitives et former un Etat de nations. Cette alliance aurait pour but la conservation de la liberté de chaque Etat. Comment se formerait cette confédération? Il suffirait, dit Kant, qu'un peuple puissant et éclairé se constitue en république. Ce pays serait le point central, autour duquel l'union se ferait peu à peu et s'étendrait, de proche en proche, jusqu'à embrasser à la fin tous les peuples de la terre) — Bentham ne s'occupait que de l'Europe, la sollicitude du philosophe allemand s'étend sur les nations du globe entier. Sa confédération ne sortirait pas en bloc d'un congrès, où se seraient réunis les députés des Etats, ainsi que le veut l'économiste anglais, non, il suffirait qu'un Etat adopte la forme républicaine ; aussitôt, par une sorte d'attraction, les autres se grouperaient autour. C'est du rêve pur. « Les dissentiments, ajoute-t-il, seraient terminés par des voies civiles, comme ceux d'un particulier le sont par un procès ». Oui, mais

pour le particulier, il y a l'huissier et le gen-
darme qui se chargent de faire exécuter la sentence. Ici quelle sanction le tribunal aurait-il à sa
disposition ? Comment serait composé le tribunal ? On ne sait. Bentham, quoique sobre de
détails, aborde au moins ces questions. La confédération de Kant est bien pâle, bien imprécise
à côté de celle de l'Anglais, qui pourtant est loin
d'être parfaite. Elle se perd dans les brumes du
songe.

En résumé, la théorie de Kant est la suite logi-
que de cette idée que tout lien social dérive d'un
contrat. N'est-ce pas une erreur ? Le droit ne
dérive-t-il pas du besoin d'ordre qu'engendrent
les relations sociales? Cela posé, l'idée de paix
perpétuelle n'est pas fatalement liée à un changement dans les institutions politiques. Seule, la
conviction ferait renoncer les États à la guerre
— s'ils le voulaient.

3. Le droit cosmopolitique doit se borner aux
conditions d'hospitalité universelle. Kant entend
par là le droit qu'a tout étranger, au point de vue
juridique, de ne pas être traité en ennemi, dans
le pays où il arrive. C'est un droit de circulation
reconnu à tout homme et qui a sa cause dans la
rotondité de la terre. Ce droit d'hospitalité ne
s'étend pas au delà de ce qu'il faut à des hommes
éloignés pour entretenir ensemble un commerce

mais, de cette manière, des relations se forment et l'on s'achemine vers une constitution cosmo-politique.

Dans l'explication de cet article, le professeur allemand se rapproche de Bentham, en atta-quant les colonies d'Amérique « ces îles à sucre, ce repaire de l'esclavage le plus cruel et le plus raffiné qui ne produisent pas de revenus réels et ne profitent qu'indirectement, qui ne servent d'ailleurs qu'à des vues peu louables, à former des matelots pour les flottes et à entretenir ainsi des guerres en Europe » (1). Bentham aurait pu signer ces lignes.

4. (Article secret). Les maximes des philo-sophes sur les conditions, qui rendent possi-ble la paix publique, doivent être prises en con-sidération par les États armés pour la guerre. Cet article se trouve dans le deuxième appendice de Kant à son traité. De la part d'un philosophe, c'est un peu présomptueux. Kant n'aime pas le juriste qui se borne à appliquer la loi sans se demander si elle ne pourrait pas être améliorée.

XII

Alors que Bentham ne perd aucune occasion de développer, à l'appui de sa thèse, des argu-

1. Kant, *op. cit*, p. 391.

ments tirés de l'économie politique, Kant, dès qu'il le peut, se livre à des dissertations philosophiques. Ainsi à son « Projet » de paix sont ajoutés deux appendices et deux suppléments. Or, son premier appendice, dans lequel il traite de la manière de garantir la paix perpétuelle, est une œuvre de haute philosophie compliquée. Il attend, de la nature, la réalisation de son idée, car la Nature (que l'on appelle également Hasard ou Providence) nous dirige vers la fin objective de notre race. Les hommes, étant disséminés par la guerre sur toutes les parties, même les plus inhospitalières du globe, ont formé des peuples ; ceux-ci, sous la menace de dangers extérieurs, se sont donnés une constitution. Et le problème d'une bonne constitution doit être d'arranger si bien les choses qu'une masse d'hommes, individuellement animés de mauvaises tendances, se conduise de même façon que si ces tendances n'existaient pas. La solution de ce problème peut résulter du mécanisme social. En attendant, ces États, tels qu'ils sont et sans le lien d'une fédération, sont bien supérieurs à l'État Unique qui embrasserait les nations du monde. Pourtant le désir de chaque État est d'arriver à la paix perpétuelle en assujétissant le monde à ses propres lois ; mais la nature, pour maintenir les hommes en États séparés, se sert de deux moyens, diversité des langues et diversité des religions. L'État de paix reposera donc sur l'équilibre et la concurrence de toutes ces forces, tandis que les peuples auront, dans leur égoïsme, un puissant motif de rapprochement. Le commerce satisfait à ce sentiment. Il est incompatible avec la guerre et sa puissance est telle, que tôt ou tard il dominera en tout pays. On sait que Bentham préfère l'agriculture, qu'il voudrait voir les capitaux se porter là, aux dépens même du commerce. Il nous semble que Kant est plus clairvoyant. Comme nous l'avons déjà prouvé, le commerce a créé entre les peuples de nombreuses relations et fait tomber bien des préjugés. Dans ses suppléments, Kant après avoir montré l'antagonisme existant entre la morale et la politique, essaye de les réconcilier, et il établit que toutes les actions, touchant aux droits des autres hommes et dont les maximes ne s'accordent pas avec la publicité, sont injustes. Si l'on ne peut faire quelque chose sans se cacher c'est que ce projet révolterait tout le monde. Il en est ainsi dans les relations entre États. Et après avoir cité certains exemples, il en arrive à poser son principe transcendental : « Toutes les maximes qui ont besoin de la publicité pour atteindre leur but, réalisent l'accord de la politique et du droit », principe qui n'est que l'extension au droit public international de la célèbre maxime : « Agis de telle façon que ta conduite puisse être érigée en loi générale ». En réalité, dans le domaine politique, le philosophe allemand aboutit à absoudre tous les actes de tyrannie et de despotisme d'un monarque fort et puissant. Il se sert de la publicité comme moyen préventif ; on sait que Bentham l'utilise également comme sanction.

Pour nous résumer, tandis que l'économiste anglais voit, dans les colonies, la grande cause de guerre et qu'il en demande l'abandon pour atteindre son rêve, Kant croit y parvenir en changeant la constitution de chaque État, mais son projet aux remarques et aux analyses souvent fort justes plane trop, dans le ciel philosophique, au-dessus des passions humaines.

XIII

Nous conclucrons que les auteurs de tous ces « traités », « plans » ou « idées » de paix perpétuelle n'ont pas assez réfléchi aux nécessités inéluctables qui pèsent sur chaque gouvernement. Un gouvernement conscient de son devoir sera dominé par la responsabilité de maintenir l'existence même de l'État. Or, n'y a-t-il pas une incompatibilité irrémédiable entre cette responsabilité du souverain et l'idée de vouloir faire entrer l'État indépendant dans une confédération ? N'est-ce pas remettre son droit à la décision des autres et l'État peut-il prendre, sur lui, de remettre la décision des affaires vitales de la communauté à une assemblée générale étrangère ? La question se pose entre le cosmopolitisme et l'idée de patrie.

Mais lors même que cette confédération réussirait à se constituer, nous avons prouvé que la paix n'en résultera pas et que tous ces projets resteront des utopies, tant que les hommes ne seront pas des anges. Helffter le dit très bien : « aucune société ne peut compter sur une paix perpétuelle. Les nations comme les individus pèchent elles-mêmes et entre elles. Supposer un âge d'or, sans la guerre et sans ses nécessités, c'est supposer un État de nations exempt de fautes ». Bentham et les autres veulent par l'application de leurs articles nous ramener l'âge d'or, mais pour pouvoir les appliquer il faudrait donner aux hommes les vertus qu'ils possédaient, suivant les poëtes, à cette époque bénie. Nous tournons dans un cercle vicieux. En réalité ils ne connaissaient pas l'humanité. Le monde est un vaste théâtre d'actions. La liberté de l'un s'y heurte constamment contre la liberté de l'autre, de là tous les conflits, mais aussi le sentiment du droit qui n'est autre chose que le règlement de la liberté.

Enfin, quoi que l'on fasse, la guerre est une séduction puissante sur la plupart des esprits. Les hommes aiment instinctivement la force. Ils en aiment jusqu'à l'appareil. Ils sont prodigues d'obéissance et d'admiration pour tout ce qui est fort. Il suffit souvent d'une vision de panache pour les éblouir et les affoler.

Kant lui-même n'avoue-t-il pas que « la guerre semble avoir sa racine dans la nature humaine » (1) ?

1. Kant, *op. cit.*, p. 312,

CONCLUSION

Malgré le peu de réussite du projet de Bentham et des autres, de nombreux et grands esprits n'ont pas désespéré de voir arriver enfin « l'ère promise et glorieuse de justice et de paix qui changera définitivement les épées et les lances en faux et en charrues ». Bien des plans de paix perpétuelle ont encore été édifiés, qui sont allés rejoindre leurs aînés dans la poudre des bibliothèques. Parmi les plus célèbres, nous citerons ceux de Fichte, Shelling, Cornelius de Boom, Lorimer, Kamarowski etc. Le Tzar de Russie s'est même laissé séduire par ces idées généreuses. On se rappelle son retentissant manifeste pour le désarmement. Le tribunal arbitral de La Haye fonctionne depuis plusieurs années. En France, un groupe parlementaire de l'arbitrage s'est fondé pour arriver à la « Conciliation Internationale ». Tous ces efforts n'ont pas empêché la guerre de continuer son travail de destruction et aujourd'hui nous assistons à l'un des plus sanglants conflits qui aient existé. L'œuvre de Bentham et de tous ceux qui ont été bercés par les mêmes chimères a-t-elle donc été stérile et vaine? Oh! certes ce furent des esprits paradoxaux qui méritent la qualification d'utopistes. Pourtant il y a quelque chose de pis que l'utopie: c'est l'obstination à soutenir des abus. On peut reprocher à leurs projets d'être chimériques, leur but fut élevé. Au milieu des clameurs des champs de bataille ils ont apporté l'espoir d'une concorde universelle. Or espérer n'est-ce pas tout ici bas? Certains faits semblaient, à première vue, leur donner raison. Si la constitution de la ligue hanséatique avait, dans un intérêt de commerce, uni, pendant plusieurs siècles, au delà de 80 villes dont les députés décidaient de la guerre, de la paix, des alliances ; si la confédération germanique durait depuis si longtemps, malgré bien des bouleversements, pourquoi Bentham, Henri IV, l'abbé de Saint-Pierre et Kant ne pouvaient-ils pas croire à une Europe liée par des principes pareils ? L'arbitrage organisé dérive de leurs projets, l'arbitrage qui a rendu de nombreux services, empêché parfois des guerres, rapproché des nations. Les conventions internationales si nombreuses depuis quelques années ne sont-elles pas conçues dans le même esprit?

Serait-il désirable que le projet de Bentham ou de quelque autre se réalise ? Non, répondent certains, affirmant que la générosité disparaît, durant les périodes de longue paix, que c'est toujours ce qu'il y a de plus mauvais dans l'homme qui subsiste à ces époques-là, car elles produisent la veulerie, la bassesse de penser, la corruption. Elles émoussent tous les beaux sentiments. On ne songe plus qu'aux satisfactions de la chair. La volupté produit alors la lubricité, la férocité. Hégel est de cet avis, « dans les temps de paix, dit-il, les citoyens s'adonnent à une vie pleine de mollesse et de douceur, qui amène la corruption et l'abaissement, pour finir par une décomposition complète », d'où il s'ensuivrait que la guerre serait un puissant élément de civilisation, comme le reconnaît le docteur Lieber. « Quelque paradoxal que cet argument puisse paraître, dit-il, il est indubitable que la guerre met les peuples en contact immédiat et opère un fécond échange de pensées et de sentiments, entre des nations qui autrement resteraient toujours isolées. C'est une lutte, c'est un état de souffrance nécessaire, mais en même temps salutaire pour l'humanité », et ainsi Bentham n'aurait pas tout à fait raison lorsqu'il essaye de prouver que la guerre, de quelque manière qu'on l'envisage, est ruineuse, néfaste et sans profit, même pour le vainqueur.

Assurément il ne faut pas prôner, sur un mode trop haut, l'esprit de conquête ; quoi que l'on dise, la guerre est un terrible fléau qui accumule d'innombrables ruines, mais une nation ne doit pas non plus oublier le soin de sa conservation, dans l'enchantement de rêves trop beaux, trop humanitaires. « Elle se couvrirait d'une gloire immortelle, dit l'auteur anglais, celle qui la première désarmerait et adopterait mon plan », nous croyons plutôt qu'elle se livrerait, sans défense, aux appétits de ses voisines. Il a toujours raison le vieil adage latin : « *si vis pacem para bellum* ». Oh oui ! si tu veux la paix, prépares la guerre, le réveil pourrait sonner dans l'épouvante des batailles perdues. Thomas Morus est dans la vérité quand il nous montre ses Utopiens qui « malgré l'aversion qu'ils ont pour les armes ne laissent pas de s'y exercer, qui ne déclarent la guerre, qu'à leur corps défendant, et sur un déni positif de justice, mais qui, après avoir tiré l'épée hors du fourreau, ne la remettent, qu'après s'être assuré une vengeance éclatante des insultes et des torts qu'on leur a faits » (1). Et ainsi, malgré l'affirmation contraire

1. Thomas Morus, *Voyage à l'île d'Utopie*, Paris, Delagrave, 1888. Voir chapitre VIII, *De l'art militaire en Utopie*.

de Bentham, nous croyons qu'une nation, qui sera crainte et respectée, sera moins exposée aux insultes et aux guerres qu'une nation faible, sans défense, dont la seule force réside dans la justice de sa cause.

*****
*** ***

A Rome, autrefois, quand un esclave, sous les rayons ardents du soleil, travaillait durement et péniblement, la tête courbée sur la glèbe, parfois, sur la route, s'arrêtait un joueur de flûte qui sortait son instrument et en jouait. Aussitôt l'esclave se redressait et un sourire passait sur son visage. Peut-être reconnaissait-il des airs de son pays lointain ? En tous cas, immobile, il oubliait, au son de l'instrument divin, ses peines, ses angoisses et la tristesse de sa condition. Mais malheur à lui s'il s'absorbait trop longtemps, dans ce plaisir défendu ; il n'entendait pas le maître s'approcher à pas de loup et soudain, au beau milieu de son rêve, un coup d'étrivière, lui zébrant les reins, le rappelait à la cruelle réalité.

Les utopistes remplissent le rôle du joueur de flûte, l'Humanité tourne dans son cercle de misères, de maladies et de guerres. Survient un rêveur, aux paroles ailées, qui lui parle de bonheur, de cités futures où tout serait pour le mieux, de désarmement, de paix universelle, de fraternité des peuples. Aussitôt, comme l'esclave antique, elle oublie, quelques instants, ses angoisses, le présent si lourd et si noir ; cette chanson est si agréable à entendre, elle fait prendre en patience bien des peines et des déconvenues, elle est même utile, à condition qu'on ne s'y abandonne pas trop longtemps, car malheur à la nation qui se laisserait prendre à ces beaux rêves, qui, dans un élan de générosité, en tenterait la réalisation ; bientôt les coups de canon dissiperaient ses illusions — trop tard peut-être.

Bentham fut une de ces âmes généreuses qui croient à la bonté, un de ces utopistes qui, du fond de leur cabinet, voulurent l'impossible, l'universel bonheur ; c'est pourquoi nous nous inclinons devant lui, tout en n'acceptant ses théories, que sous bénéfice d'inventaire.

Paris, le 19 novembre 1904.

TABLE DES MATIÈRES

vu :
Le Président de la thèse,
PILLET.

vu :
Le Doyen,
GLASSON.

vu et permis d'imprimer :
Le Vice-Recteur de l'Académie de Paris,
L. LIARD.